Zahlenreise
4

Mathematikbuch
für die 4. Klasse

Herausgegeben
von Uwe Beck

Erarbeitet von
Uwe Beck
Ulrike Bertelmann
Heidi Goßmann
Klaus Heinze
Gudrun Hütten
Ursula Manten
Manfred Wenigmann
Manfred Zeitz

Illustrationen
von Barbara Schumann
und Harald Larisch

Cornelsen

Große Zahlen

Seit über 4500 Jahren lebendig!

„Westliche Grannenkiefer“ wächst in Kalifornien/USA im Gebirge in einer Höhe von ungefähr 3 500 m.

Wie hoch? 2 000 m bis 6 000 m

www.spaceimaging.com
Satellitenaufnahme aus 680 km Höhe

Die Cheops-Pyramide in Ägypten. Vor ungefähr 4500 Jahren erbaut. Findest du die Sphinx?

Menschen nutzen die Landwirtschaft

vor 500 Generationen *(20 Jahre sind 1 Generation)*

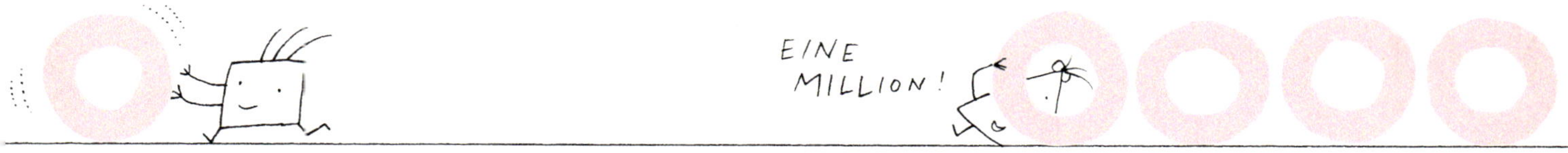

Blick aus 1000 m Höhe
Chicago-Stadion Soldierfield

Der bisher weiteste Ausflug von Menschen:
die Erde vom Mond aus gesehen.
Entfernung: ungefähr 385 000 km

Die Erde ist Heimat für
6 000 000 000 Menschen;
geschätzt im Jahr 1999

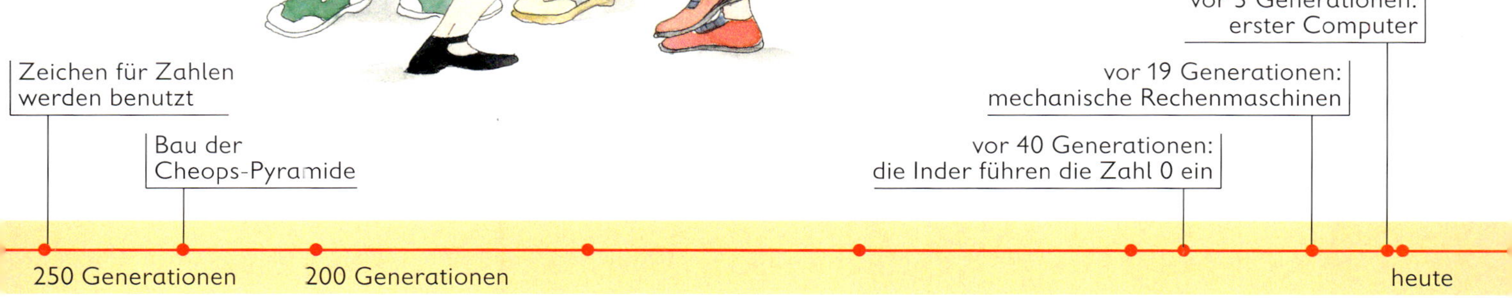

Das kann ich schon!

1 Rechne im Kopf. Finde eigene Aufgaben.

1 + 3	5 + 4	7 + 3
10 + 30	50 + 40	70 + 30
100 + 300	500 + 400	700 + 300
1 000 + 3 000	5 000 + 4 000	7 000 + 3 000

2

a)	b)	c)
140 + 70	230 + 340	190 + 240
260 + 50	620 + 250	270 + 560
490 + 30	520 + 180	420 + 390
550 + 80	470 + 420	360 + 480
670 + 40	710 + 270	550 + 370
780 + 80	390 + 510	680 + 250
830 + 90	140 + 720	770 + 170
380 + 60	830 + 170	470 + 440

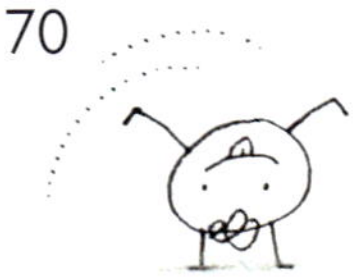

3 Trage die fehlenden Zahlen ein.

a)

62	
21	
	1
39	

101	
40	
	52
	6

b) Die fehlenden Zahlen sollen möglichst nahe beieinander liegen.

43	

208	

4

2 4 6 + 6 1 3 =

Überschlag: 2 5 0 + 6 0 0 = 8 5 0

```
  2 4 6    3 plus 6 gleich 9, schreibe 9
+ 6 1 3    1 plus 4 gleich 5, schreibe 5
           6 plus 2 gleich 8, schreibe 8
  8 5 9
```

3 5 7 + 4 2 8 =

Überschlag: 3 5 0 + 4 3 0 = 7 8 0

```
  3 5 7    8 plus 7 gleich 15, schreibe 5
+ 4 2 8    und übertrage 1
     1     1 plus 2 plus 5 gleich 8, schreibe 8
  7 8 5    4 plus 3 gleich 7, schreibe 7
```

5 a) Sind die Aufgaben richtig gelöst? Entscheide durch Überschlag.

247 + 609 = 756 387 + 457 = 844

592 + 269 = 941 578 + 362 = 650

b) Mündlich oder schriftlich?

430 + 598	251 + 419	604 + 165
376 + 587	711 + 260	590 + 280

c) Bestimme den Rechenfehler.

377	508	668	578	666
+ 436	+ 295	+ 279	+ 369	+ 287
803	703	946	957	313

d) Welche Ziffern fehlen?

6_2	19_	6_7	_29	5_6
+ 209	+ _45	+ 8_	+ 58_	+ 1_7
_01	837	_06	9_9	61_

6 Addiere die Zahlen an den Ecken und Kanten des Würfels.

239 + 173 + 88 = 500

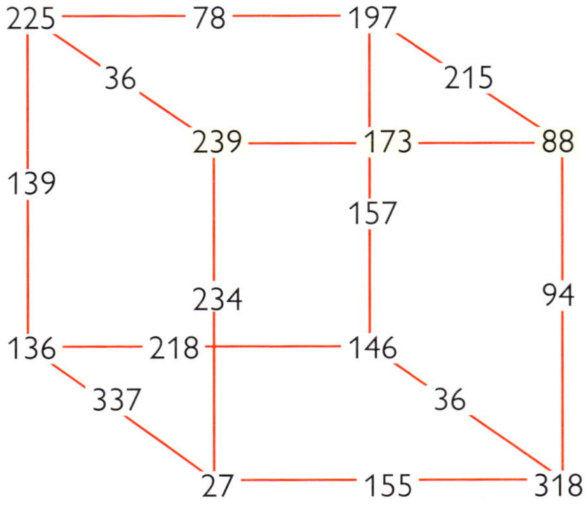

1 Rechne im Kopf. Finde eigene Aufgaben.

4 − 1	8 − 3	9 − 6
40 − 10	80 − 30	90 − 60
400 − 100	800 − 300	900 − 600
4000 − 1000	8000 − 3000	9000 − 6000

2

a)	b)	c)
210 − 30	240 − 120	320 − 130
320 − 50	360 − 250	450 − 290
480 − 90	530 − 310	570 − 380
540 − 60	480 − 270	630 − 270
670 − 80	610 − 410	860 − 490
730 − 70	770 − 520	740 − 360
890 − 90	850 − 630	980 − 590
950 − 80	920 − 510	820 − 450

3 Trage die fehlenden Zahlen ein.

a)

420	
310	
	21
0	

510	
200	
	90
8	

b) Die fehlenden Zahlen sollen möglichst nahe beieinander liegen.

209	

500	

4

859 − 246 =

Überschlag: 860 − 250 = 610

```
  859    6 plus 3 gleich 9, schreibe 3
− 246    4 plus 1 gleich 5, schreibe 1
─────    2 plus 6 gleich 8, schreibe 6
  613
```

785 − 357 =

Überschlag: 800 − 350 = 450

```
  785    7 plus 8 gleich 15, schreibe 8
− 357    und übertrage 1
    1
─────    6 plus 2 gleich 8, schreibe 2
  428    3 plus 4 gleich 7, schreibe 4
```

5 **a)** Sind die Aufgaben richtig gelöst? Entscheide durch Überschlag.

858 − 297 = 521   605 − 467 = 338

787 − 328 = 459   975 − 531 = 444

b) Mündlich oder schriftlich?

657 − 123   891 − 546   600 − 275

657 − 368   918 − 502   568 − 370

c) Bestimme den Rechenfehler.

947	826	700	444	751
− 74	− 249	− 308	− 209	− 157
773	687	292	236	584

d) Welche Ziffern fehlen?

1000	□03	82□	775	□□□
− 4□5	− 29□	− □67	− □□□	− 391
□8□	604	4□9	392	492

6

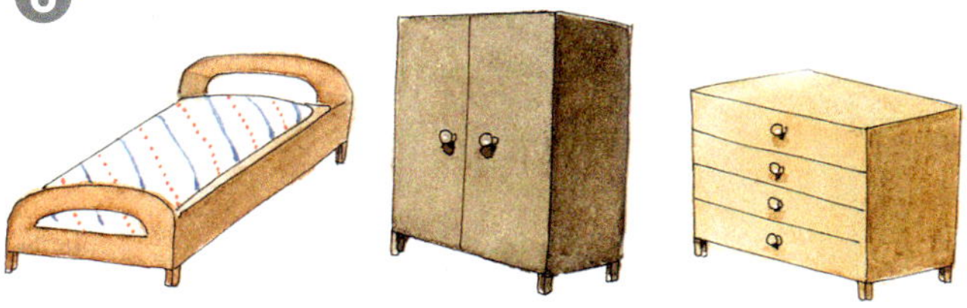

180 €   155 €   148 €

a) Was kosten die Möbel zusammen?

b) Wie viel Rückgeld gibt es auf 500 €?

7

225	618	
78		

733		
	458	
	167	

Multiplizieren

1 Welche Malaufgaben siehst du?
Schreibe sie auf.

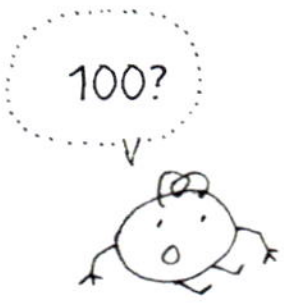

a) 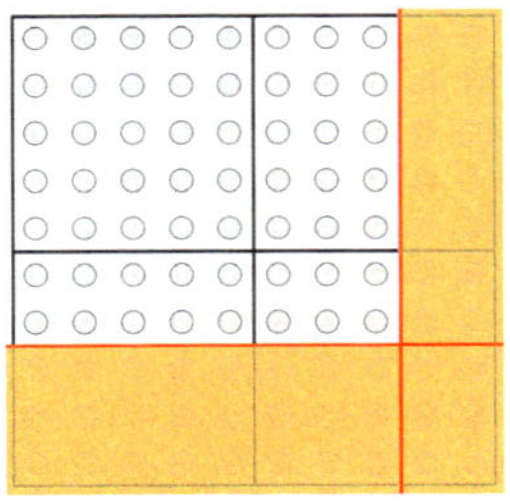

b) 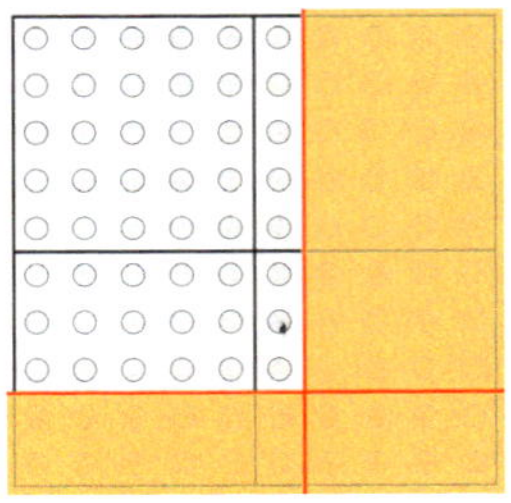

c) 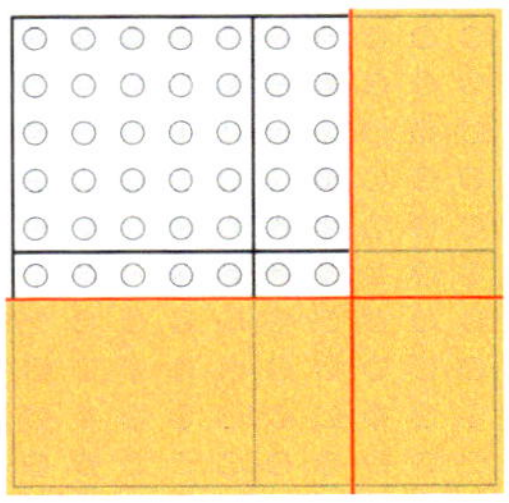

2 Schreibe Einmaleinsaufgaben, deren Ergebnisse zwischen

a) 40 und 50 **b)** 50 und 60 **c)** 70 und 90 liegen.

3 Schreibe passende Einmaleinsaufgaben – bis es nicht mehr geht.

a) 28 20 24 56 **b)** 54 40 63 12 **c)** 32 48 36 1

24
6 · 4
2 · 3 · 2 · 2

4

4 · 80
4 · 8 · 10 = 320
4 · 8 = 32
4 · 80 = 320

a)	b)
5 · 60	70 · 3
7 · 20	40 · 7
9 · 30	80 · 7
8 · 40	30 · 5
2 · 90	60 · 5

5

a)	b)
420 = 70 · __	320 = 40 · __
350 = __ · 70	720 = __ · 80
540 = 60 · __	490 = 70 · __
420 = __ · 60	360 = __ · 90

6 Schreibe die Zahlenfolgen auf und finde passende Regeln.

a) 40, 80, 120, …, 400
b) 50, 100, 150, …, 500
c) 90, 180, 270, …, 900
d) 81, 72, 63, …, 0
e) 2, 4, 8, …, 1024
f) 50, 75, 100, …

Regel 1
Neunerzahlen rückwärts

Regel 4
Immer 40 mehr

Regel 3
Immer mal 2

Regel 5
Fünfzigerzahlen

Regel 2
Verdoppeln

Regel 6
Immer 25 mehr

Regel 7
Immer „plus9"

7 Schreibe Zahlenfolgen zu den Regeln.

Regel 1: Starte mit 512, dann immer die Hälfte.

Regel 2: Starte mit 3, dann immer verdoppeln.

Regel 3: Abwechselnd eine Siebenerzahl und Sechserzahl aufwärts.

8 a)

Menge	Preis
1	60 ct
2	
4	
6	
8	
10	
20	

b)

Menge	Preis
1	
2	
4	80 ct
6	
8	
10	
20	

9 a)

b) Herr Mertens möchte 3 Säcke Fliesenkleber und 3 Päckchen Tapetenkleister kaufen.
Es kosten: 1 Sack Fliesenkleber für Innenräume 29,75 €, frostsicherer Kleber 49,75 €.
1 Päckchen Kleister für schwere Tapeten 4,98 €, für normale Tapeten 3,89 €.

10 Wie rechnest du bequem? Erkläre.

a)

·	84	56	37
2			
4			
8			

b)

·	49	52	66
10			
5			
6			

11 Einfache Zahlen, das geht noch im Kopf.

a) 7 · 108
4 · 203
3 · 309
4 · 210

b) 3 · 294
4 · 190
7 · 97
4 · 149

c) 5 · 150
6 · 125
3 · 225
4 · 175

12 Halbschriftlich – wenn es zu kompliziert wird.

4 · 236 = ___
4 · 200 = 800
4 · 30 = ___
4 · 6 = ___

a) 3 · 166
6 · 127
4 · 218

b) 243 · 4
357 · 3
168 · 6

13 Welche Aufgaben und Strategien passen zusammen?

1 mal 10, dann halbieren, dann noch addieren

2 halbschriftlich

3 verdoppeln – verdoppeln – verdoppeln

4 auf den nächsten Hunderter, dann malnehmen, dann abziehen

4 · 233

3 · 196

6 · 46

8 · 43

verschiedene Rechenstrategien finden und formulieren;
halbschriftlich rechnen und schnelles Rechnen 3, 4

Dividieren

1 Kleine und große Geschenke: die Großeltern haben drei 10 €-Scheine.
Sie wechseln das Geld, damit sie es besser an ihre 6 Enkelkinder verteilen können.

a)

30 : 6 = _

300 : 6 = ___

b)

60 : 6 = ___

600 : 6 = ____

2 **a)** Wenn ich 18 : 6 kann, dann kann ich auch:

18 : 6	27 : 3	42 : 7
180 : 6	270 : 3	420 : 7
180 : 60	270 : 30	420 : 70
1800 : 60	2700 : 30	4200 : 70

b) Schreibe 4 Aufgaben zu:

12 : 4 48 : 6 30 : 3 10 : 1 36 : 6 72 : 8

3 Anja schreibt Aufgaben.

360 : 6 = 60
366 : 6 = 61
372 : 6 = 62
378 : 6 = __

Momo erfindet einen Rechenstrich.

: 6
360 366 372 378
60 61

a)	**b)**	**c)**
120 : 4	280 : 7	250 : 5
124 : 4	273 : 7	245 : 5
128 : 4	266 : 7	240 : 5
132 : 4	259 : 7	235 : 5

4

270 : 9 = 30
279 : 9 = 31
288 : 9 = 32
297 : 9 = __

Stelle deine eigenen Aufgaben zusammen. Schreibe wie Anja oder Momo.

a) 480 : 8 **b)** 810 : 9 **c)** 360 : 6 **d)** 300 : 5

e) 180 : 6 **f)** 560 : 7 **g)** 400 : 8 **h)** 630 : 7

5

1	7	2	:	4

: 4
160 172 200
40 ? 50

172 : 4 = ___
160 : 4 = 40

172 : 4 = ___
160 : 4 = 40
12 : 4 = ___

172 : 4 = ___
200 : 4 = 50
28 : 4 = 7
172 : 4 = 43

2 Analogien erkennen und nutzen; **3** Aufgabenreihen entwerfen, geschickte Notationen finden; **5** Rechenkonferenz

Division mit Rest

1

Umweltpreis Schulgarten

Die 8 Klassen der Grundschule Rheinallee teilen sich den Umweltpreis in Höhe von 700 Euro für die Gestaltung ihres Schulgartens. Die Kinder haben schon genaue Vorstellungen, was sie mit dem Geld machen werden.

a)

b) Auf dem Schulfest werden 764 Euro eingenommen. Für die Anschaffung von Schulmaterialien wird der Betrag zu gleichen Teilen auf die 8 Klassen der Schule aufgeteilt.

2
122 : 3
119 : 3
361 : 6
358 : 6

3
425 : 7
415 : 7
300 : 8
303 : 8

4
207 : 2
195 : 2
357 : 5
342 : 5

Welche Aufgabe passt zur Probe?

98 · 2 + 1   103 · 2 + 1   70 · 5 + 2   71 · 5 + 2   97 · 2 + 1   68 · 5 + 2

5
215 $\underset{\cdot 5}{\overset{:5}{\rightleftarrows}}$ ___   291 $\underset{\cdot \_}{\overset{:3}{\rightleftarrows}}$ ___   ___ $\underset{\cdot \_}{\overset{:4}{\rightleftarrows}}$ 84   ___ $\underset{\cdot \_}{\overset{:7}{\rightleftarrows}}$ 84

6
25 $\underset{:\_}{\overset{\cdot \_}{\rightleftarrows}}$ 250   ___ $\underset{:6}{\overset{\cdot \_}{\rightleftarrows}}$ 366   195 $\underset{\cdot 5}{\overset{:\_}{\rightleftarrows}}$ ___   ___ $\underset{:3}{\overset{\cdot \_}{\rightleftarrows}}$ 666

7 Welche Aufgaben lassen sich leicht im Kopf lösen? Begründe!

a) 675 : 3   828 : 6   750 : 5   b) 546 : 7   650 : 5   998 : 2

8 a) In 3 Packungen sind zusammen 438 Schokolinsen. 5 Kinder teilen sie sich.

b) Weitwerfen: In 6 Versuchen insgesamt 235 m weit.

Messen und rechnen

1 Ein Experiment: Je zwei Kinder sollen sich im Abstand von 4 m aufstellen.
Sven misst nach.

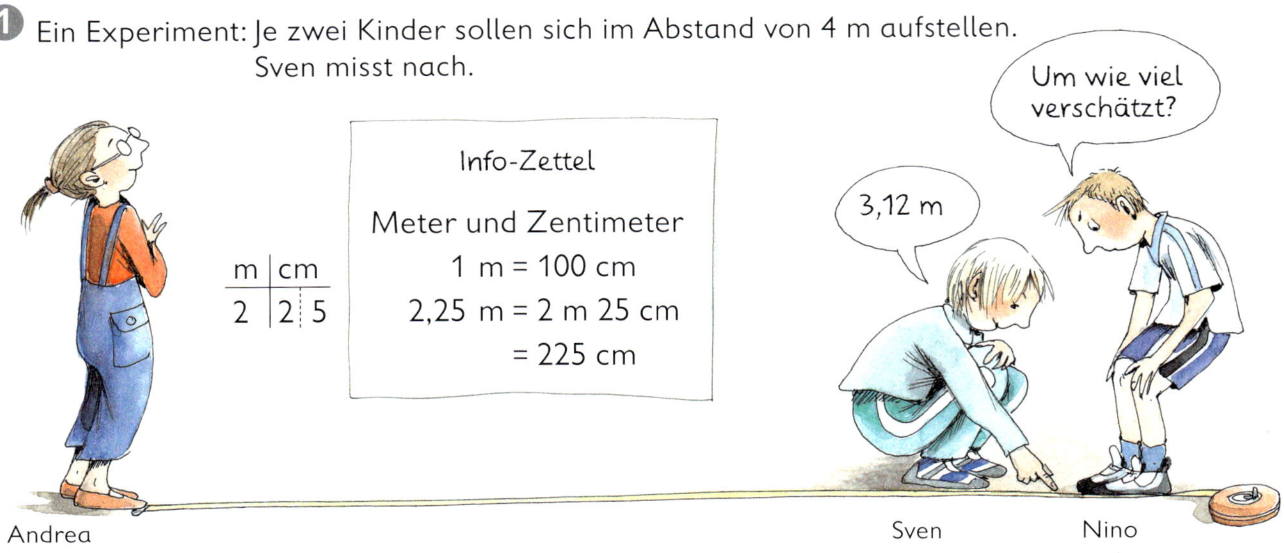

m	cm
2	2 5

Info-Zettel

Meter und Zentimeter
1 m = 100 cm
2,25 m = 2 m 25 cm
= 225 cm

	Andrea Nino	Tim Jens	Sven Elena	Nicole Lisa	Momo Ole	Simon Andrea	Imo Naomi
gemessen	3,12 m	3,28 m	4,10 m	3,82 m	3,69 m	4,13 m	4,67 m
verschätzt	88 cm						

a) Um wie viel haben sich die Kinder verschätzt? Schreibe in dein Heft.
Wer hat am besten geschätzt?

b) Ali und Mario haben sich um 32 cm verschätzt. Was haben sie gemessen?

c) Macht auch in eurer Klasse das Experiment. Wer sind die Schätzmeister?

d) Was ist der Unterschied zwischen den Schätzungen von Tim und Jens zu Momo und Ole?

e) Finde eigene Fragen.

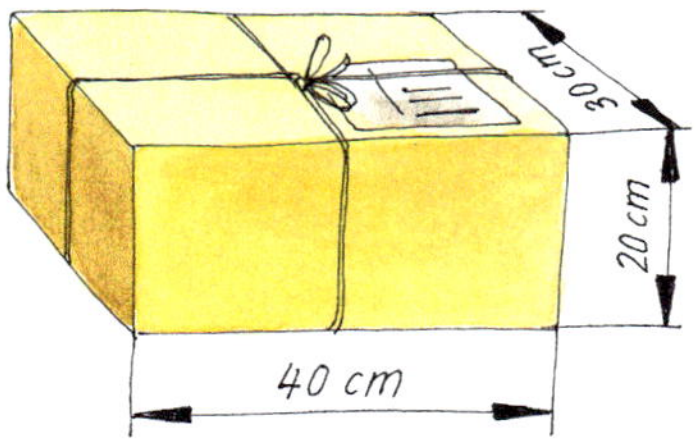

2 Paketschnur

a) Wie viel Paketschnur braucht man für dieses Paket? Rechne für die Schleife 30 cm dazu.

b) Ein Knäuel Paketschnur ist 50 m lang. Für wie viele solcher Pakete reicht es?

3 Schreibe untereinander und rechne aus.

a) 2,50 m + 12,60 m + 7,08 m
1,05 m + 11,50 m + 0,55 m
0,80 m + 0,12 m + 0,56 m

b) 50 m − 14,20 m
64,10 m − 27 m
17,50 m − 8,50 m

c) 5,2 m + 3,05 m − 4,10 m
15,60 m − 4,50 m + 1,90 m
18 m − 6,70 m − 4,30 m

4 Schreibe zuerst in Zentimetern. Rechne dann.

a) 2,40 m + 70 cm + 1,20 m
8,20 m + 5 cm + 0,90 m
0,75 m + 125 cm + 3,03 m

b) 5,50 m − 80 cm
3,55 m − 0,70 m
425 cm − 2,35 m

c) 122 cm − 0,48 m + 30 cm
6,40 m − 120 cm − 0,90 m
86 cm + 0,95 m − 1,12 m

Millimeter und Zentimeter

10 mm = 1 cm

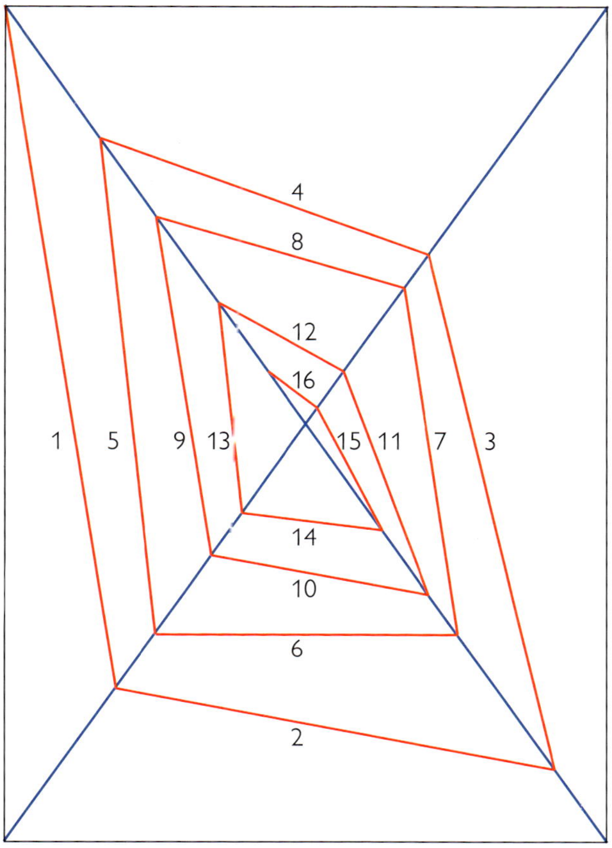

1 **a)** Miss die Länge der Strecken.

Strecke	Länge
1	94 mm
2	
3	
4	
5	
6	

Info-Zettel
Zentimeter und Millimeter
1 cm = 10 mm
6,4 cm = 6 cm 4 mm
= 64 mm

b) Ordne die Strecken der Größe nach. Beginne mit der kürzesten Strecke.

c) Welche Strecken sind zwischen 30 mm und 50 mm lang?

d) Schätze in Zentimetern, wie lang der rote Streckenzug ungefähr ist.

e) Zeichne auf eine Postkarte einen eigenen Streckenzug. Schreibe die Längen der Teilstrecken auf.

2 Falte ein Din A 4-Blatt der Länge und der Breite nach. Es ist dann 10,5 cm breit und 15 cm lang. Verbinde gegenüberliegende Ecken durch Strecken. Zeichne wie in Aufgabe 1 einen Streckenzug mit den Teilstrecken 124 mm, 62 mm, 88 mm, 59 mm, 70 mm, 47 mm, 36 mm, 24 mm, 13 mm. Wenn du genau gezeichnet hast, ist das Ende der letzten Strecke ungefähr 7 mm von der Mitte entfernt.

3 Rechne und zeichne.

38 mm + ___ mm = 10 cm
56 mm + ___ mm = 10 cm
97 mm + ___ mm = 10 cm
___ mm + 23 mm = 10 cm
___ mm + 79 mm = 10 cm

4 Umrechnen. Kontrolliere am Lineal.

a)
3 cm 4 mm = 34 mm
8 cm 1 mm = ___ mm
4 cm 6 mm = ___ mm
0 cm 2 mm = ___ mm
3 cm 0 mm = ___ mm
11 cm 5 mm = ___ mm

65 mm = _ cm ___ mm
72 mm = _ cm ___ mm
10 mm = _ cm ___ mm
40 mm = _ cm ___ mm

b)
3,4 cm = 34 mm
8,6 cm = ___ mm
5,7 cm = ___ mm
9,3 cm = ___ mm
0,7 cm = ___ mm
5,0 cm = ___ mm

7,9 cm = ___ mm
0,1 cm = ___ mm
9,0 cm = ___ mm
10,6 cm = ___ mm

5 Zeichne die Strecken in dein Heft.

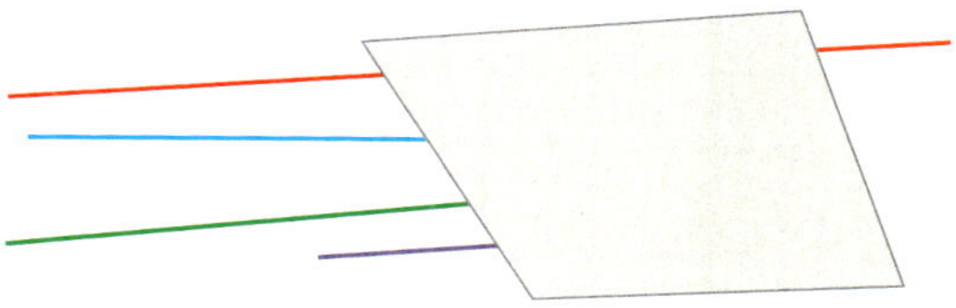

a) Die blaue Strecke ist halb so lang wie die rote.

b) Die grüne Strecke ist 13 mm länger als die blaue.

c) Die violette Strecke ist 2 cm kürzer als die grüne.

Sachrechnen

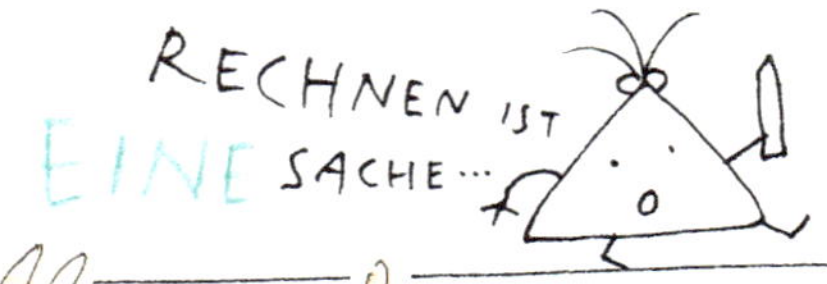

Wer mag Pizza?

❶ Zeichne eine eigene Mind Map.

❷ Was möchtest du zum Thema herausfinden?

❸ Schreibe deine Fragen auf.

Erfolgreich sachrechnen

- die Aufgabe verstehen
- Textstellen markieren
- auf eigene Erfahrungen zurückgreifen
- Überlegungen übersichtlich notieren (Liste, Tabelle, Skizze)
- Informationen beschaffen
- Denk- und Rechenwege darstellen
- Wege und Ergebnisse
  - vergleichen
  - prüfen
  - bewerten

Lexikon
Sachbuch
Internet
Experten

Die 26 Kinder der Klasse 4a beschließen am letzten Schultag vor den Herbstferien gemeinsam Pizza zu essen. Sie überlegen:

Pizza kostet	1 Kind	4 Kinder	alle Kinder + Lehrerin
im Restaurant	5,50 €		
in der Pizzeria	3,50 €		
tiefgekühlt	1,49 €		
selbst gebacken			

Preisliste

1 kg Mehl	0,60 €
1 Würfel Hefe (42 g)	0,10 €
1 l Milch	0,40 €
Flasche 0,7 l Olivenöl	2,80 €
1 kg Tomaten	2,00 €
1 Bund Basilikum	0,80 €
100 g Mozarella	0,45 €
1 kg Salz	0,60 €

„Pizza Margherita"
für 4 Personen

Zutaten

Für den Teig:
250 g Mehl
20 g frische Hefe
60 ml lauwarmes Wasser
Salz
4 EL Olivenöl

Für den Belag:
400 g (geschälte) Tomaten
2 EL Olivenöl
2 Knoblauchzehen
150 g Mozzarella
1/2 Bund Basilikum

Ein Blech Pizza reicht für 4 Personen. In der Schulküche gibt es zwei Backöfen. Wie viel Zeit ist nötig um Pizza für alle Kinder zu backen?

Über 1000 hinaus

1

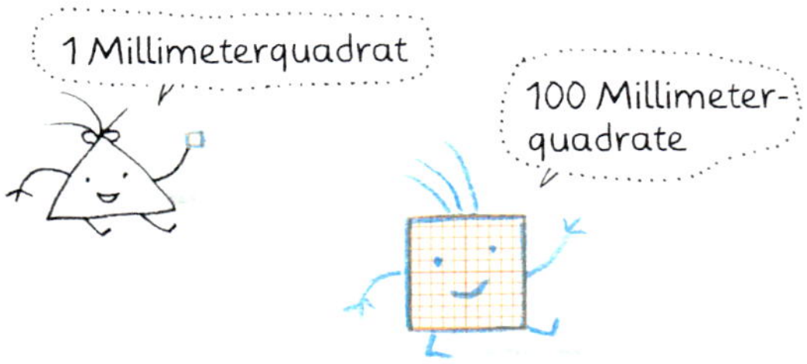

Wie viele Millimeterquadrate sind **a)** in diesem Feld? 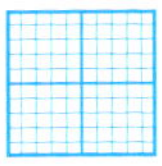

b) in dieser Reihe? 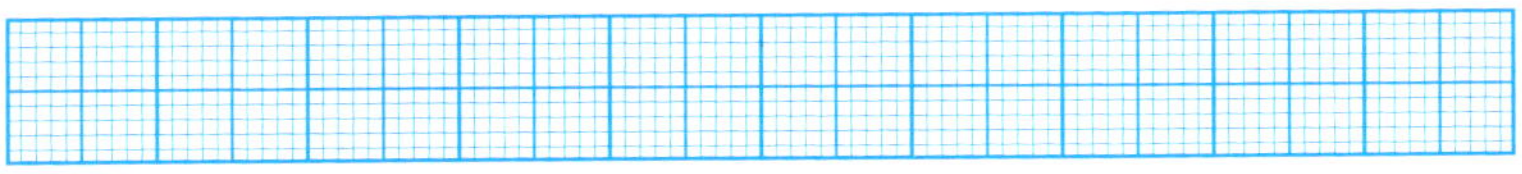 **c)** im großen Feld?

2 Wie viele Millimeterquadrate sind es hier?

a) 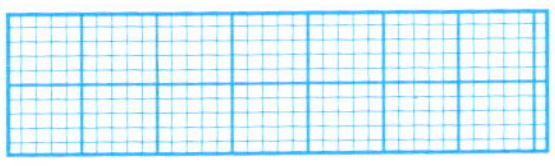

b) 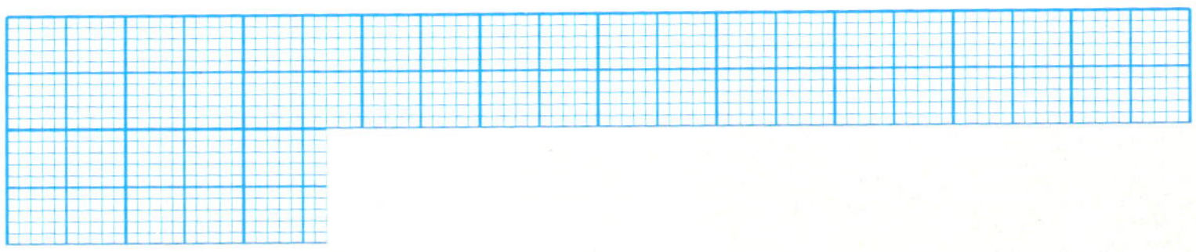

c) 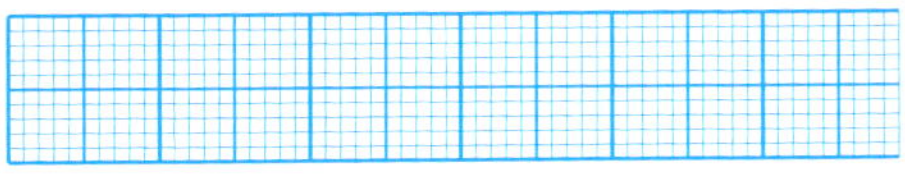

3 Zeige mit dem Abdeckwinkel: **a)** 3 100, 6 500, 8 700, 9 400, 9 900, 5 400

b) 530, 750, 1 260, 3 260, 5 780, 7 850, 8 570

4 Übe mit deinem Nachbarn:
- Anzahlen nennen und dann im Feld zeigen,
- Anzahlen im Feld zeigen und dann nennen.

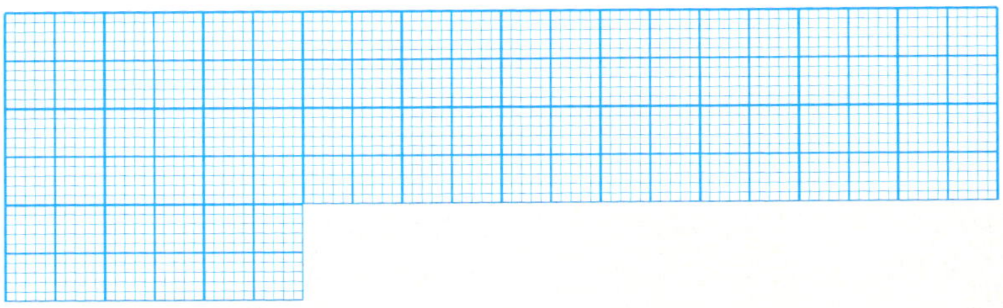

Felddarstellung für 10 000 im Millimeterpapier;
Kopfrechnen mit „glatten Zahlen" im Zahlenraum bis 10 000

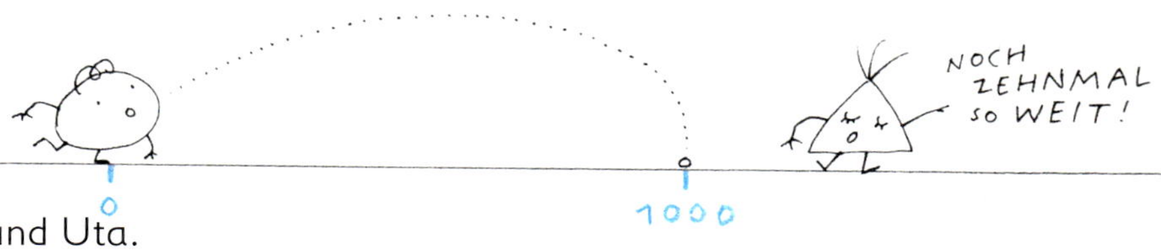

1 Schreibe Rechenaufgaben wie Peter und Uta.

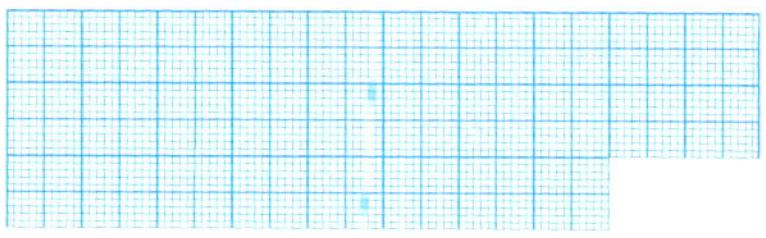

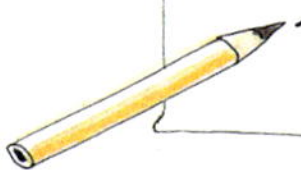

Peter
1000 + 1000 + 800 = 2800

Uta
2 · 1000 + 800 = 2800

a) 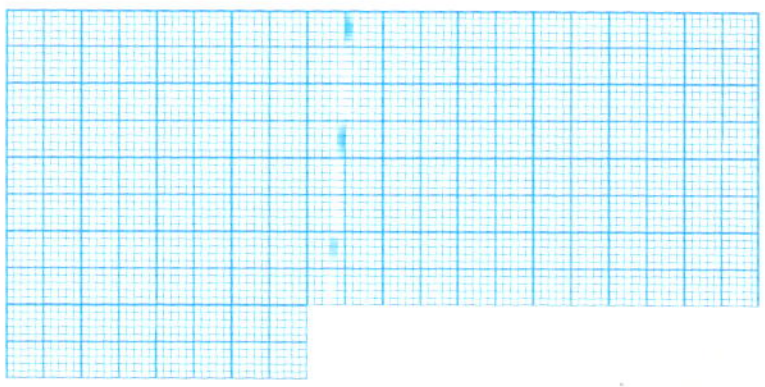

b) 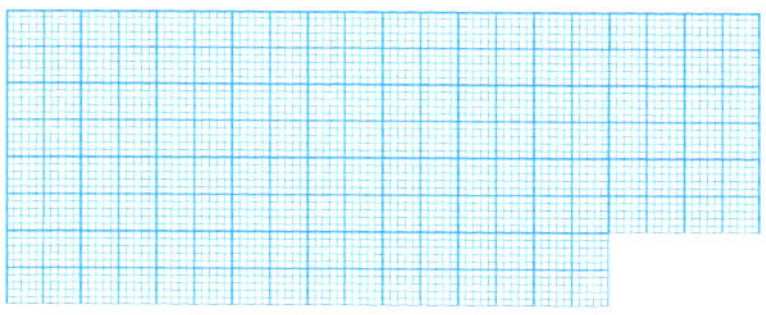

c) 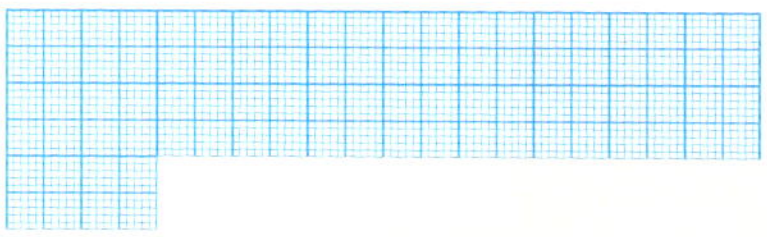

2 Welche Zahlen sind hier dargestellt? Schreibe auch als Rechenaufgabe.

a) 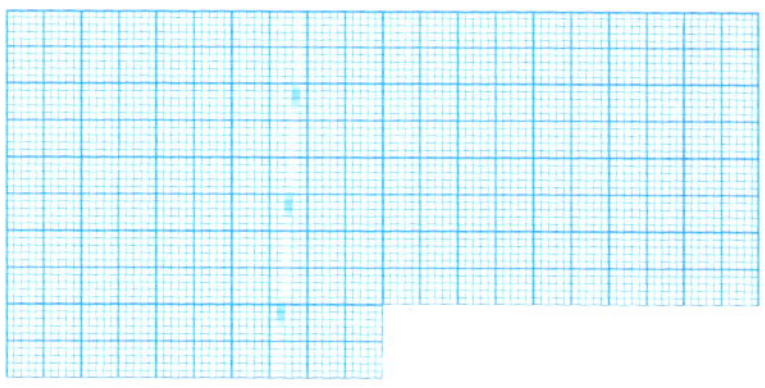

b) 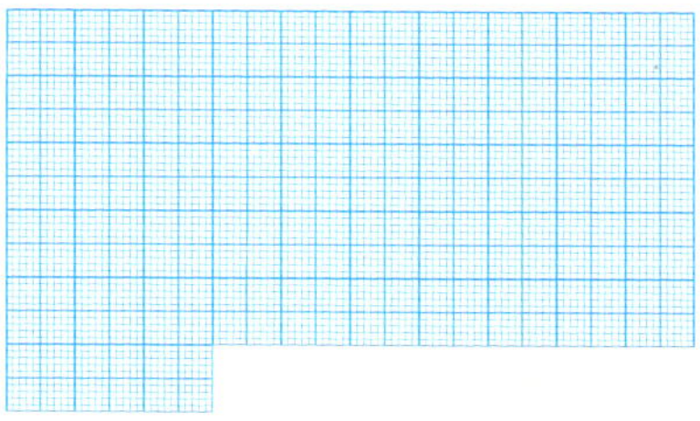

c) 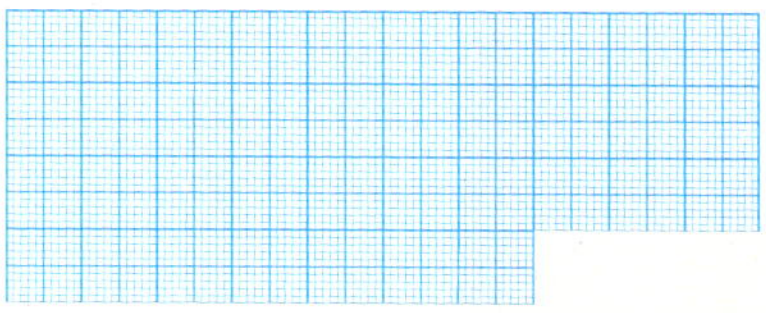

d) 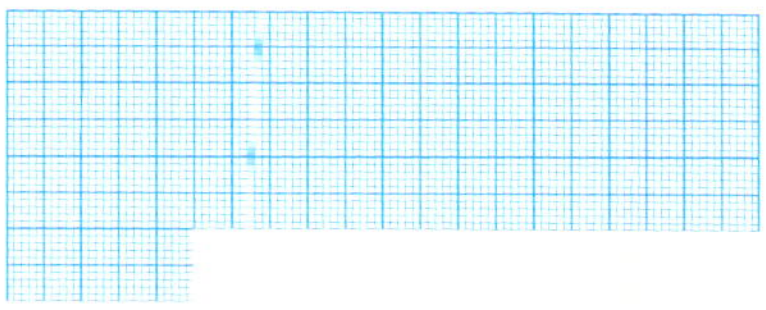

e) 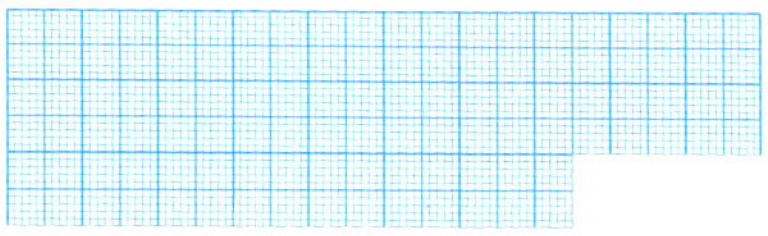

f) 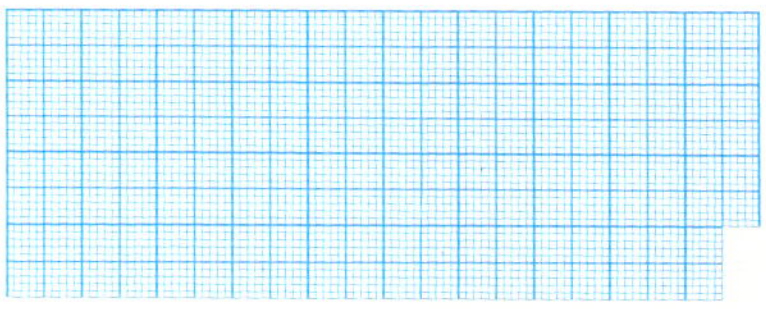

3 Schreibe zu den Zahlen von Aufgabe **1** und **2** das Doppelte und die Hälfte in eine Tabelle.

Die Hälfte der Zahl	1 400					
Die Zahl	2 800					
Das Doppelte der Zahl						

4 Über den Tausender.

a) 700 + 500 = ___
400 + 900 = ___
800 + 600 = ___
700 + 800 = ___

b) 650 + 500 = ___
450 + 800 = ___
750 + 600 = ___
700 + 850 = ___

c) 1500 − 800 = ___
1400 − 600 = ___
1200 − 600 = ___
1300 − 700 = ___

d) 1450 − 600 = ___
1350 − 500 = ___
1050 − 800 = ___
1850 − 900 = ___

5 Schreibe Rechenaufgaben.

a) Immer 10 000 6 000 + 4 000 = 10 000

b) Immer 5 000 8 500 − 3 500 = 5 000

Auf die Stelle kommt es an

1

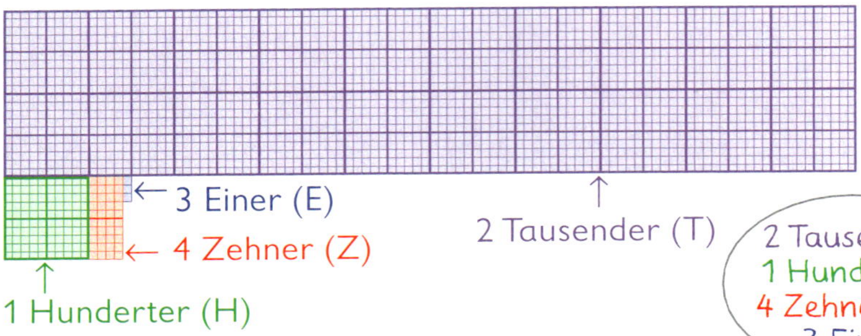

Stellenwerttafel

T	H	Z	E	Zahl
2	1	4	3	2143

Schreibe in die Stellenwerttafel wie im Beispiel.

a) 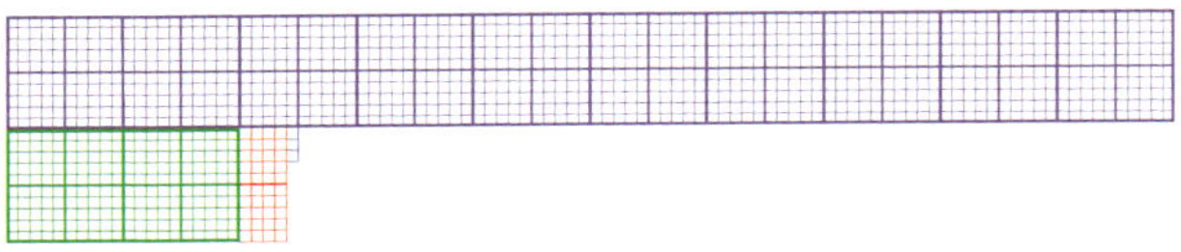

b) 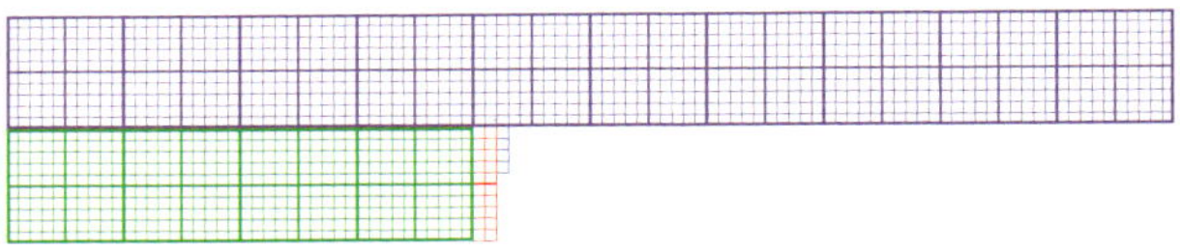

c) 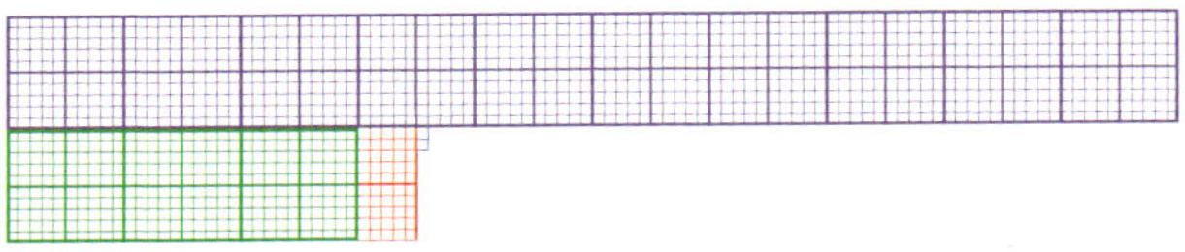

d) 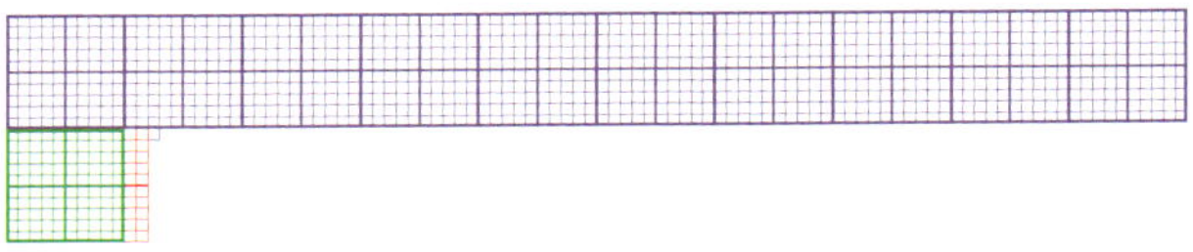

2 Schreibe in die Stellenwerttafel wie im Beispiel.

a)

	T	H	Z	E	Zahl
7T 4H 2Z 5E	7	4	2	5	7425
4T 7H 1Z 3E					
6T 3H 6Z 2E					
2T 6H 5Z 9E					
8T 4H 3Z 7E					

b)

	T	H	Z	E	Zahl
9T 9H 9E	9	9	0	9	9909
6T 5H 4Z					
6T 3Z 4E					
6T 4E					
6T 3Z					

3 Zahlendiktat

a) 3406, 4365, 5364, 1290, 1209

b) 9756, 4007, 4070, 3908, 3890

4

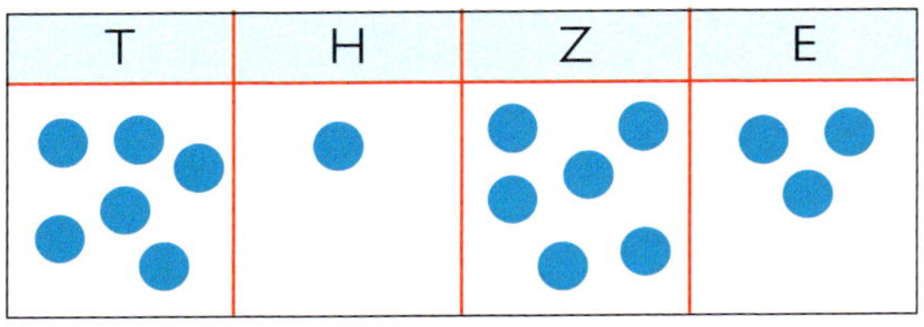

a) Wie heißt die Zahl?

b) Momo nimmt an der Zehnerstelle 3 Plättchen weg. Wie heißt die Zahl?

c) Tim legt die Plättchen so, dass in jedem Feld gleich viele Plättchen liegen.

d) Imo legt ein Plättchen dazu.

5

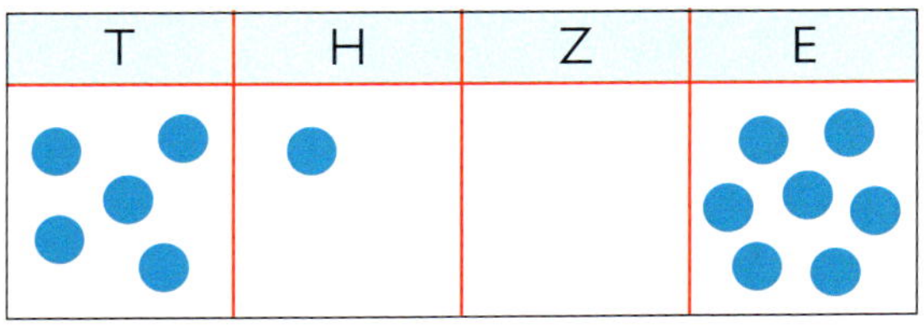

a) Wie heißt die Zahl?

b) Wie heißt die kleinste Zahl, die mit allen Plättchen gelegt werden kann?

c) Es werden 2 Plättchen hinzugelegt. Wie heißen die drei größten Zahlen, die sich durch das Hinzulegen ergeben könnten?

Verschiedene Zahldarstellungen verwenden;
4, 5 vertiefendes Verständnis für Stellenwertsysteme

Zahlenaufführung

1 **a)** Wie müssen die Kinder die Plätze tauschen, damit sie die größte Zahl zeigen? Notiere die Zahl.

b) Wie müssen sie die Plätze tauschen, um die kleinste Zahl zu bekommen? Notiere auch diese Zahl.

c) Peter geht an die Tausenderstelle und bleibt dort. Die anderen drei Kinder tauschen die Plätze. Welche Zahlen können sie bilden?

d) Dann steht Uta an der Tausenderstelle. Welche Zahlen können die Kinder nun bilden?

e) Imo sagt: „Wenn ich an der Tausenderstelle bleibe, bekommen wir Zahlen, die größer als 3 000 und kleiner als 4 000 sind."

2 Die Kinder stehen wie im Bild an der Tafel.
Mario ruft Simon, Imo, Peter und Uta zu:

zweitausend-sechshundert-neunzehn

eintausend-neunhundert-dreißig

viertausend-achthundert-fünfunddreißig

sechstausend-zweihundert

dreitausend-dreihundert-achtundfünfzig

siebentausend-siebenhundert-siebenundsiebzig

achttausend-vierhundert-fünf

neuntausend-fünfhundert-fünfzig

a) Schreibe die Zahlen auf.

b) Was zeigt Uta bei den Zahlen?

c) Peter und Imo tauschen die Plätze. Wie heißen die Zahlen dann? Schreibe in eine Stellenwerttafel.

3 Hohe Hausnummern – ein Spiel für zwei

Jedes Kind darf viermal würfeln. Nach jedem Wurf wird die Zahl in die Stellenwerttafel eingetragen. Danach ist der Partner an der Reihe. Vergleicht die Zahlen. Die größte Zahl gewinnt.

Der Zehntausenderstrahl

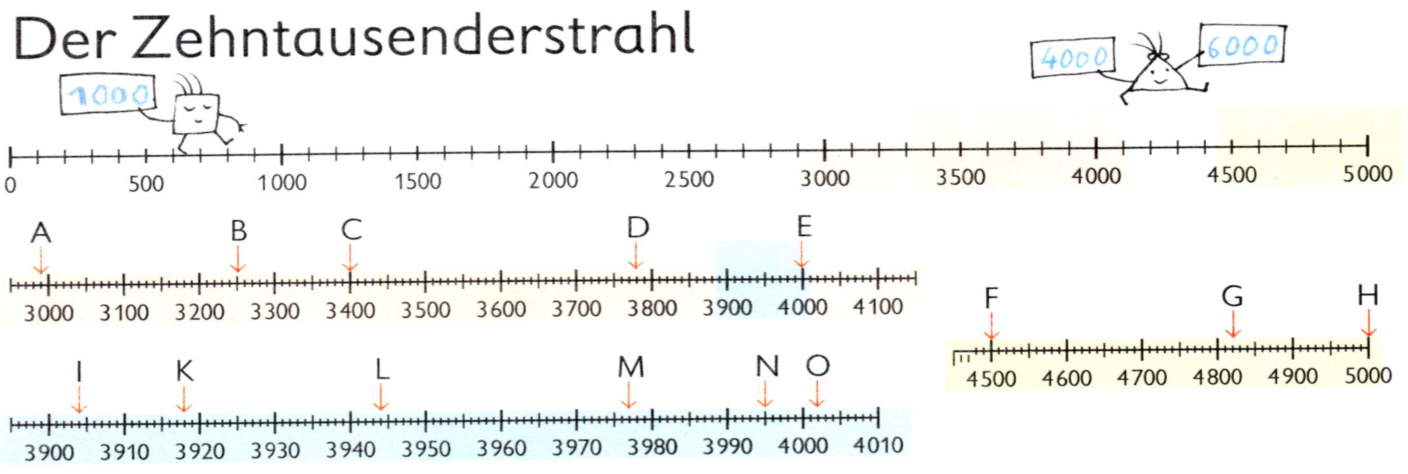

1 **a)** Schreibe die Zahlen in dein Heft: A = 2990, B = ____ , …

b) Markiere an einem Zahlenstrahl die Zahlen 3600, 2950, 3350, 4100, 3060.

2

a) Nachbartausender	**b)** Nachbarhunderter	**c)** Nachbarzehner	**d)** Nachbareiner
2000 2990 3000	____ ____ ____	____ ____ ____	____ ____ ____
A	I	B	D
____ ____ ____	____ ____ ____	____ ____ ____	____ ____ ____
L	M	E	O
____ ____ ____	____ ____ ____	____ ____ ____	____ ____ ____
F	O	N	N

3 Schreibe Vorgänger und Nachfolger zu 1050, 3010, 3100, 6700, 6070, 6007, 9980 und 10000 auf.

Schreibe so:

1049 < 1050 < 1051
____ < 3010 < ____

4 Schreibe die Zahlen auf kleine Zettel. Ordne die Zahlen der Größe nach. [388] [1980]

a) Beginne mit der kleinsten Zahl: 5768, 6870, 6080, 9845, 1980, 8910, 5786, 6785, 388, 4738.

b) Beginne mit der größten Zahl: 2346, 4365, 4090, 9978, 9897, 6300, 756, 7458, 5000, 1890.

5 **a)** Vergleiche 6400 mit den anderen Zahlen.
Schreibe so:

6400 < 8300
6400 < ____

6400 3800 4700 1500 7900 9400 6100 8300

6400 > 4700
6400 > ____

b) Vergleiche 4870 mit den anderen Zahlen. Schreibe wie in a).

3140 4870 5290 9860 1110 780 5550 6670

c) Ergänze die Zahlen in a) zum nächsten Tausender.

6400 + ____ = 7000
4700 + ____ = ____

d) Ergänze die Zahlen in b) zum nächsten Tausender.

3140 + ____ = 4000
5290 + ____ = ____

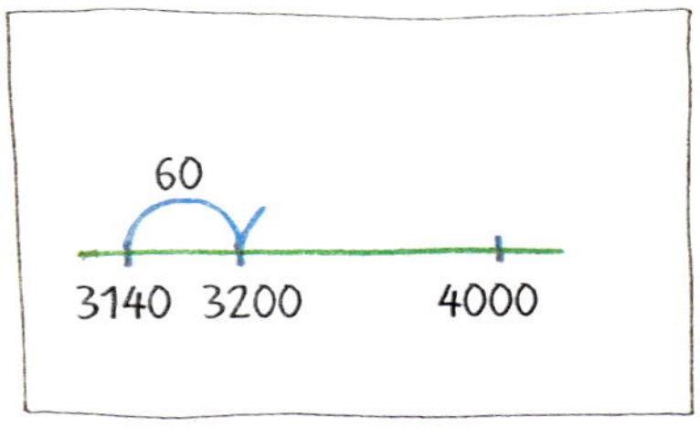

Zahlenstrahl strukturieren, lesen, beschriften; Zahlen vergleichen, ordnen; auf Stufenzahlen ergänzen

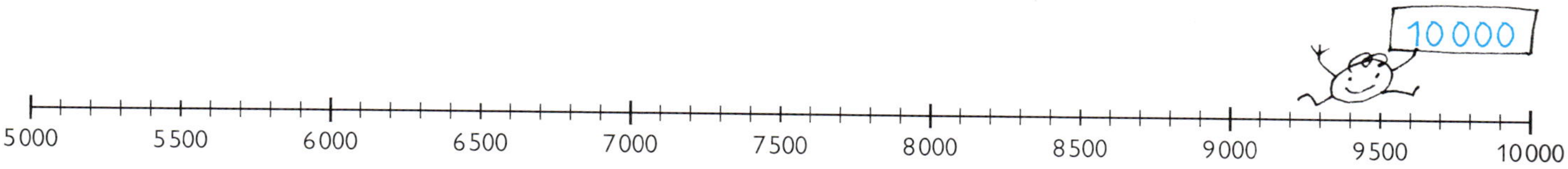

6 Zahlenfolgen

A: …, 7750, 7800, 7850, ___, ___, ___, ___, 8100, …
B: …, 9500, 9000, 8500, ___, ___, ___, ___, 6000, …
C: …, 6300, 6350, 6400, ___, ___, ___, ___, 6650, …
D: …, 7400, 7500, 7450, 7550, 7500, ___, ___, ___, ___, …

a) Notiere die fehlenden Zahlen.

b) Welche Zahlenfolgen gehören zusammen?

c) Welche Regel gilt für die Zahlenfolge **D**?

d) Vergleiche die Zahlenfolgen **A** und **D**. Was fällt dir auf?

7

	___	
___		___
2500	1500	4500

	10000	
7000		___
___	___	1500

	10000	
___		6000
___	3400	___

8 **a)**
400 + 600 = ___
1400 + 1600 = ___
2400 + 2600 = ___
3400 + ___ = ___
___ + ___ = ___

b)
1000 − 300 = ___
2000 − 1300 = ___
3000 − 2300 = ___
4000 − ___ = ___
___ − ___ = ___

c)
300 + 700 = ___
2300 + 1700 = ___
3300 + 2700 = ___
4300 + ___ = ___
___ + ___ = ___

d)
1900 − 1800 = ___
2800 − 1700 = ___
3700 − 1600 = ___
4600 − 1500 = ___
___ − ___ = ___

9 **a)** Ergänze zur nächsten Tausenderzahl.
4705, 6080, 1284, 9675, 5800, 7299, 9925

4705 + ___ = 5000

b) Ergänze zur nächsten Hunderterzahl.
5117, 4238, 9751, 9097, 6492, 7408, 3816, 2994

5117 + ___ = 5200

10 Viele Aufgaben.
Schreibe sie in dein Heft.

6400 7000 7200 5449 4900

+ 300 + 3000 − 500 − 50

6400 + 300 = ___
6400 + 3000 = ___
6400 − 500 = ___
6400 − 50 = ___

11 Wie viele Zahlen kann man einstellen?

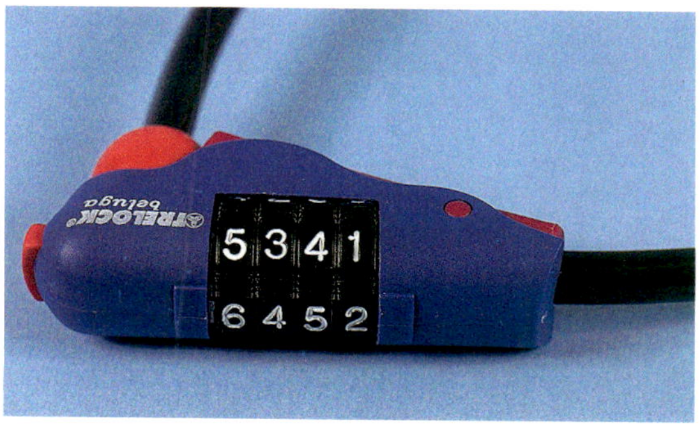

Schriftlich rechnen

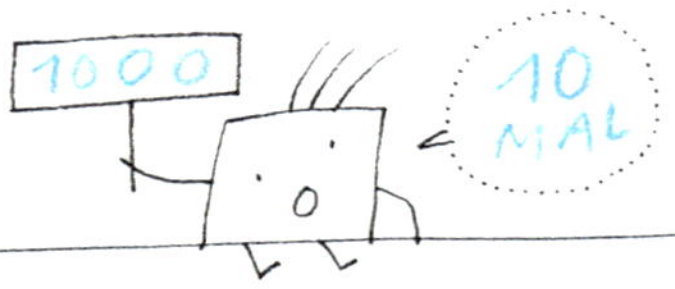

1

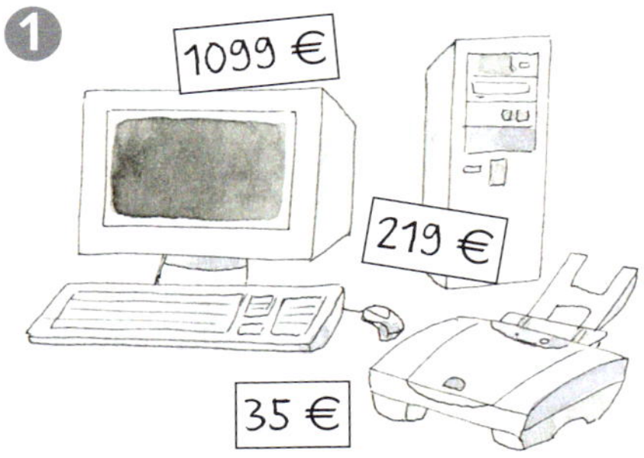

	T	H	Z	E	
	1	0	9	9	€
+		2	1	9	€
+			3	5	€
		1	2		
	1	3	5	3	€

Beginne mit den Einern:

5 + 9 + 9 = 23	• Schreibe 3, übertrage 2.
5 + 1 + 9 = 15	• Schreibe 5, übertrage 1.
3 + 0 = 3	• Schreibe 3.
1	• Schreibe 1.

2 Schreibe untereinander und rechne schriftlich.

a) 1638 + 2108 + 1676
2043 + 877 + 2658
3035 + 627 + 1756

b) 4285 + 534 + 1094
1675 + 1086 + 1326
2534 + 3823 + 538

c) 3409 + 275 + 867
2147 + 1069 + 2203
1027 + 6545 + 934

4087, 4551, 5418, 5419, 5422, 5578, 5913, 6895, 8506

3 Die Schule hat 10 000 Euro zur Verfügung.

Sprungkasten
678 €

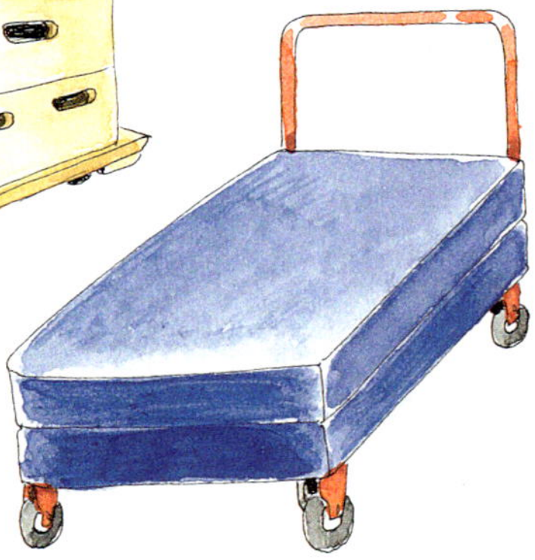

Mattenwagen
253,50 €

1 Weichbodenmatte
746,50 €

Geräteschrank
1113,50 €

Regalwagen
1139 €

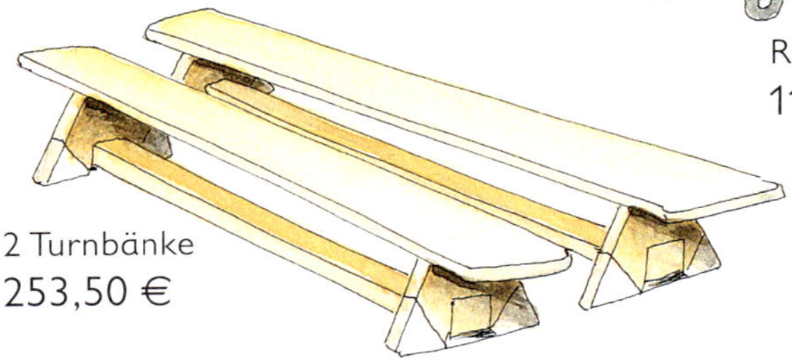

2 Turnbänke
253,50 €

4 1270 2015 3796 4108 5892 7380

a) Wähle zwei Zahlen und berechne die Summe.
Die Summe soll – kleiner als 6000 sein.
– zwischen 6000 und 10000 liegen.
– größer als 10000 sein.

b) Wähle drei Zahlen und berechne die Summe.
Die Summe soll – kleiner als 10000 sein.
– größer als 10000 sein.

	1	2	7	0	
+	2	0	1	5	

	2	0	1	5	
+	3	7	9	6	
+	4	1	0	8	

Schriftliche Addition und Subtraktion – auch mit mehreren Summanden und Subtrahenden – festigen

1 Zur Einweihung der neuen Turnhalle hat die Grundschule ein großes Schulfest veranstaltet. Bei dem Schulfest wurden 2642 Euro eingenommen.
975 Euro muss die Schule an Kosten aufbringen. Wie viel Geld bleibt übrig?

	T	H	Z	E	
	2	6	4	2	€
–		9	7	5	€
	1	1	1		
	1	6	6	7	€

Beginne mit den Einern:

5 + 7 = 12	• Schreibe 7, übertrage 1.
8 + 6 = 14	• Schreibe 6, übertrage 1.
10 + 6 = 16	• Schreibe 6, übertrage 1.
1 + 1 = 2	• Schreibe 1.

2 Der Gewinn aus dem Schulfest soll für die Einrichtung einer Internet-Ecke in der Schulbücherei verwendet werden.
Die Grundausstattung wird mindestens 2850 Euro kosten.

3 Auf dem Konto des Fördervereins der Grundschule waren noch 1675 Euro.
Davon wurden angeschafft:
Spielgeräte für 637 Euro und Musikinstrumente für 598 Euro.

Wie rechnen die Kinder?

zweimal minus

  1675 €
– 637 €
  1038 €
– 598 €

Mario

  637 €
+ 598 €

  1675 €
– 1235 €

Uta

Erst addieren, dann subtrahieren.

  1675 €
– 637 €
– 598 €

Jens

Schreibe untereinander und rechne schriftlich.

4 a) 9756 – 3587
5907 – 2819
3687 – 1256

b) 6754 – 985
4007 – 396
9076 – 888

5 a) 8732 – 3509 – 1342
8096 – 2256 – 659
4976 – 764 – 806

b) 9353 – 2617 – 512
6724 – 321 – 2536
5743 – 1876 – 3424

443, 2431, 3088, 3406, 3611, 3867, 3881, 5181, 5769, 6169, 6224, 8188

6 978 1260 2035 4109 7356 9850

Wähle zwei Zahlen und berechne die Differenz.
Die Differenz soll
– größer als 5000 sein.
– kleiner als 3000 sein.
– größer als 8000 sein.

	7	3	5	6
–		9	7	8

7 10000 : 2 = ____
____ : 2 = ____
____ : 2 = ____
____ : 2 = ____

Naturwunder Meer

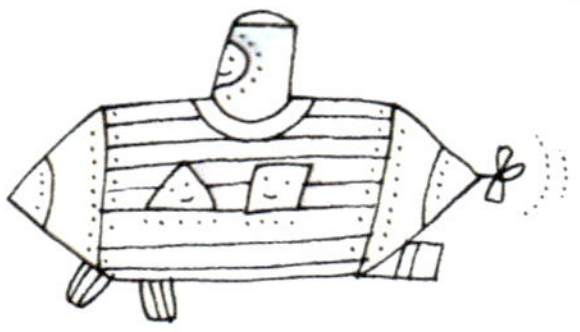

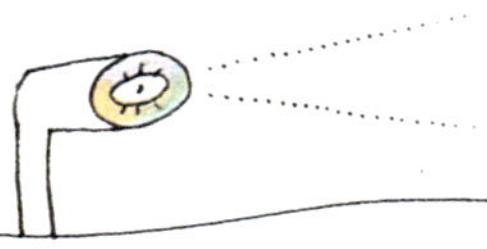

Unter dem Meeresspiegel:
Bis 40 m gelangen Taucher ohne besondere Ausrüstung,
bis 450 m schaffen Taucher es mit Druckanzug.
In 1000 m soll es Riesenkraken geben,
in 1500 m lebt der Tiefseedorsch,
in 2300 m lebt der Röhrenwurm,
bis 2500 m taucht der Pottwal,
in 6000 m schießen heiße Tiefseequellen aus dem Meeresboden,
in ihrer Nähe gibt es Muscheln und Würmer.

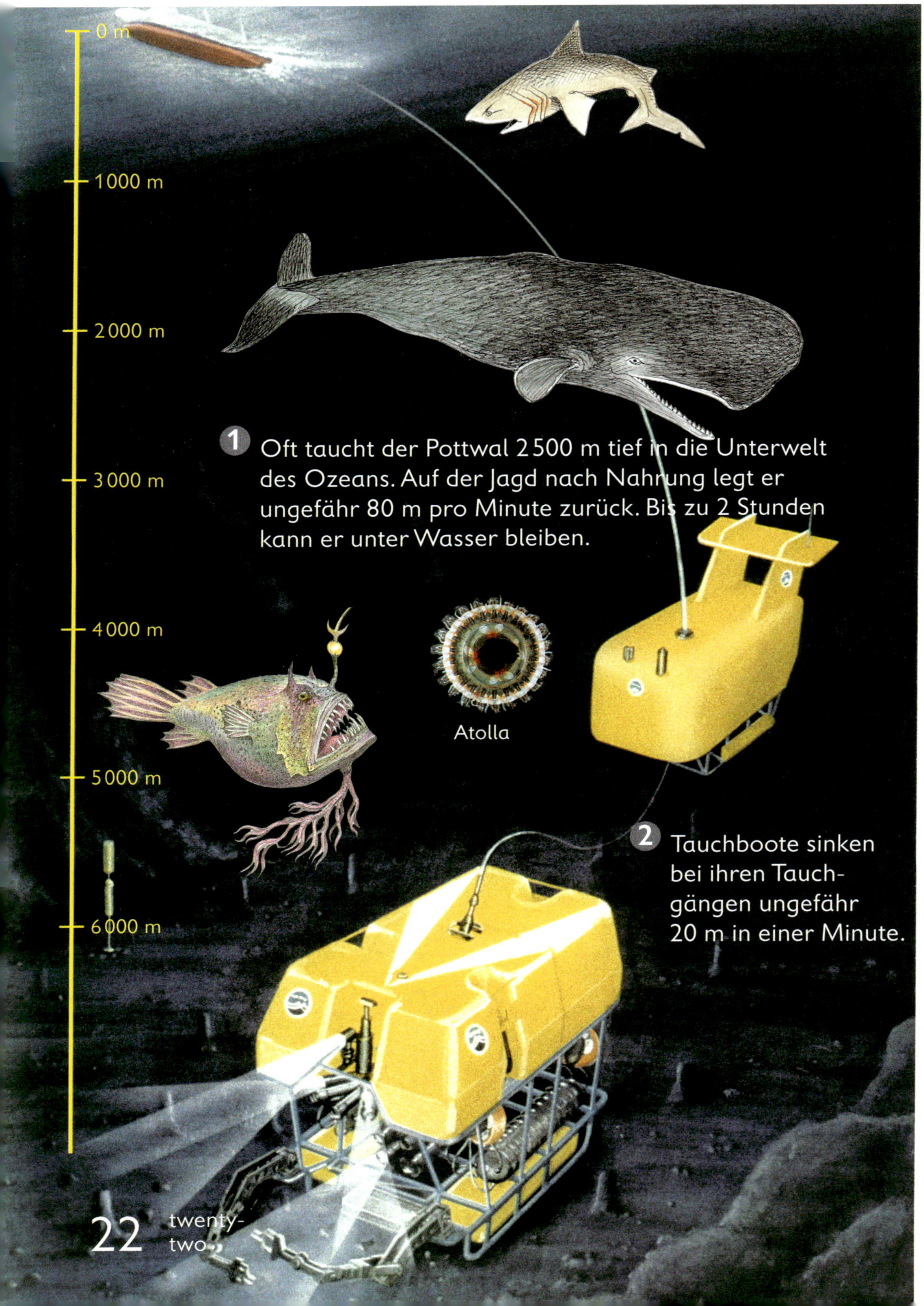

1 Oft taucht der Pottwal 2500 m tief in die Unterwelt des Ozeans. Auf der Jagd nach Nahrung legt er ungefähr 80 m pro Minute zurück. Bis zu 2 Stunden kann er unter Wasser bleiben.

2 Tauchboote sinken bei ihren Tauchgängen ungefähr 20 m in einer Minute.

1818
Der Polarforscher John Ross holt mit einem Greifarm an einem langen Tau aus 1,8 km Tiefe eine Qualle und Würmer hervor.

1870
In dem Roman „20000 Meilen unter dem Meer" von Jules Verne taucht die „Nautilus" 16 km tief.

1912
Der deutsche Physiker Alexander Behm entwickelt das Echolot zur Tiefenmessung.

1930
In einer an einem Seil hängenden Stahlkugel tauchen W. Beebe und O. Barton 427,8 m tief ins Meer – so tief wie niemand zuvor.

1960
J. Piccard taucht mit der „Trieste" bis auf 10916 m tief und entdeckt dort einen Fisch. Bis heute ist kein Mensch mehr so tief vorgedrungen.

1977
In 2500 m Tiefe stößt das Tauchboot „Alvin" der US-Marine auf heiße Quellen. Forscher entdecken völlig unbekannte Arten von Bakterien, Würmern, Krebsen und Fischen.

1995
Der japanische Roboter „Kaiko" taucht 10911 m tief ins Meer. Auf einem Meeresbodenatlas kann die Stelle genau angegeben werden.

Tiefseequalle Atolla (Tiefe: rund 4000 m, etwa 2,5 cm groß)

Flugwege

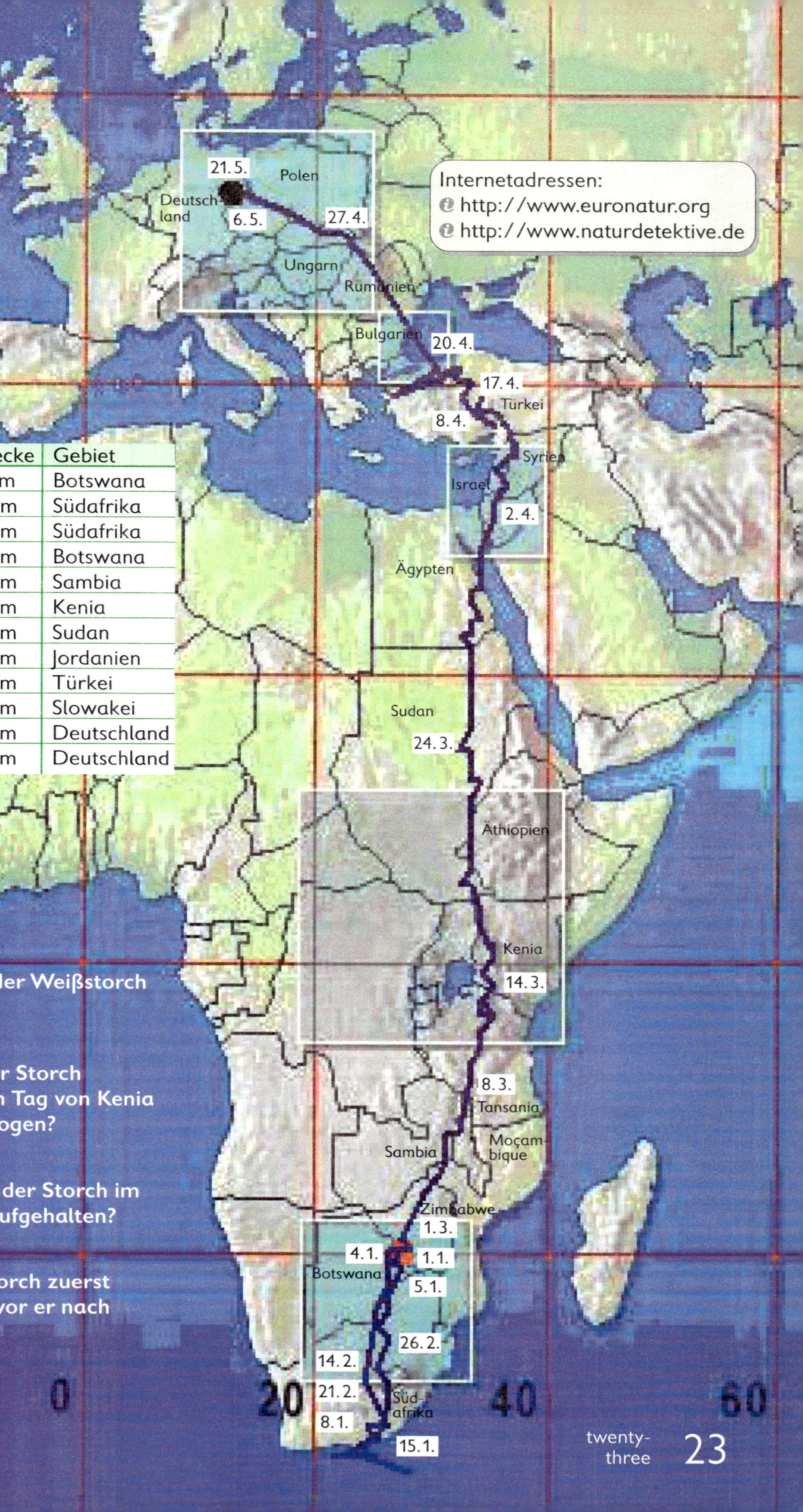

Internetadressen:
http://www.euronatur.org
http://www.naturdetektive.de

1999	Flugstrecke	Gebiet
1.1. bis 5.1.	498 km	Botswana
5.1. bis 8.1.	1365 km	Südafrika
8.1. bis 26.2.	4690 km	Südafrika
26.2. bis 1.3.	1311 km	Botswana
1.3. bis 8.3.	1329 km	Sambia
8.3. bis 14.3.	1755 km	Kenia
14.3. bis 24.3.	2204 km	Sudan
24.3. bis 2.4.	2358 km	Jordanien
2.4. bis 20.4.	4588 km	Türkei
20.4. bis 27.4.	1228 km	Slowakei
27.4. bis 6.5.	817 km	Deutschland
6.5. bis 21.5.	350 km	Deutschland

1. Wie viele km flog der Weißstorch vom 2. 4. – 20. 4.?
2. Wie viele km ist der Storch durchschnittlich am Tag von Kenia bis zum Sudan geflogen?
3. Wie lange hat sich der Storch im Süden von Afrika aufgehalten?
4. Wieso fliegt der Storch zuerst nach Südafrika, bevor er nach Deutschland fliegt?

Stationenreise

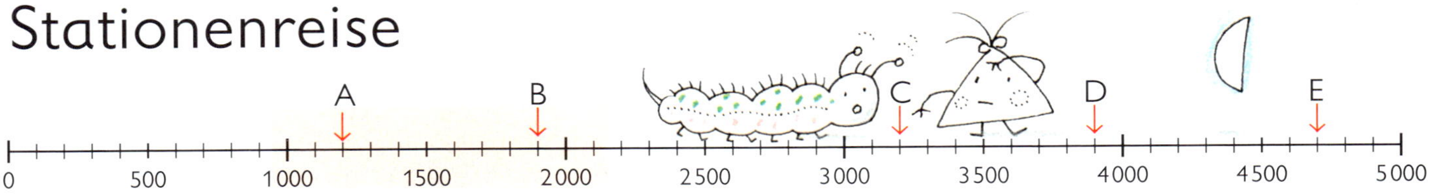

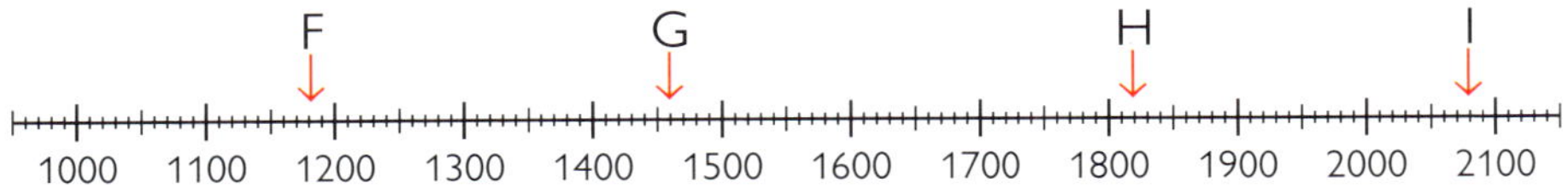

Station 1
Zahlen am Zahlenstrahl

a) Welche Zahlen sind am Zahlenstrahl mit einem Pfeil markiert? Schreibe sie auf und vergleiche mit deinem Partner.

b) Markiere auf einem Zahlenstrahl Zahlen. Dein Partner schreibt die Zahlen in sein Heft.

Station 2 Millimeterpapier

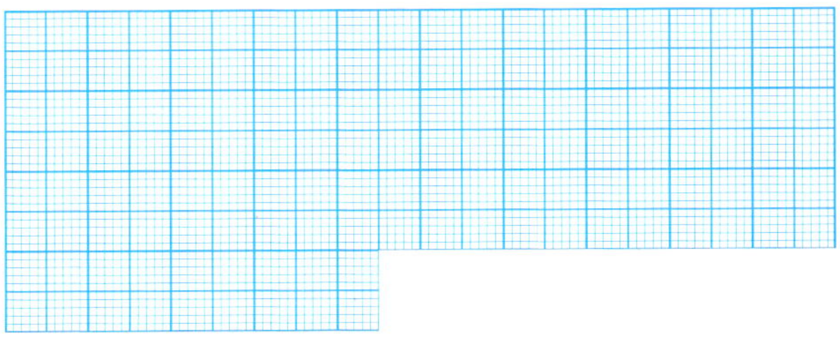

a) Zeige Tausenderzahlen mit dem Abdeckwinkel.
Der Partner notiert die Zahl.

b) Diktiere Tausenderzahlen.
Der Partner zeigt die Zahl auf dem Millimeterpapier.

Station 3 Zahlenforscher

Legt vier verschiedene Ziffern fest.
Bildet Plus- und Minusaufgaben mit der größten und mit der kleinsten vierstelligen Zahl.
Mache das Gleiche mit den Ziffern des Ergebnisses.
Rechne so weiter.

Station 4 Partnerdiktat

Diktiert euch die Zahlen.
Findet eigene Zahlen für ein Diktat.

Peter	Lisa
1234	4783
3069	8946
2305	2184
6789	2222
9845	9127
7302	5678
4590	2938
3456	5921
1894	

Kopiervorlage Zahlenstrahl, Zahlenmauern

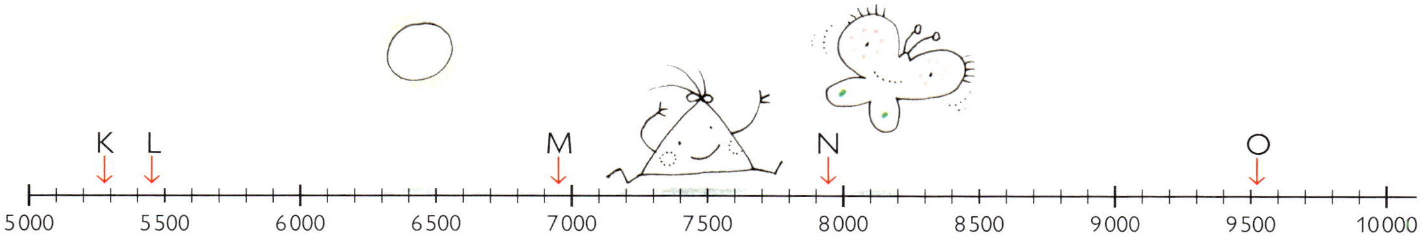

Station 5
Zahlen am Zahlenstrahl

a) Welche Zahlen sind am Zahlenstrahl mit einem Pfeil markiert?

b) Vergleiche mit deinem Partner. Erkläre, wie du die Zahl gefunden hast.

Station 6 **Vier Ziffern – Viele Zahlen**

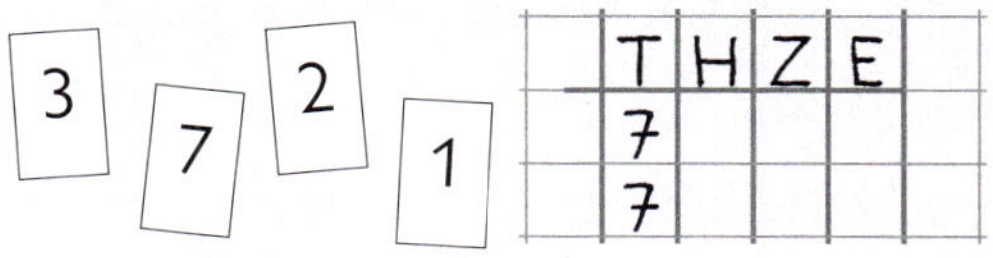

a) Schreibe alle Zahlen auf mit einer 7 an der Tausenderstelle.

b) Wie heißen alle Zahlen mit einer 1 an der Tausenderstelle?

c) Findet ihr alle vierstelligen Zahlen, die man bilden kann?

Station 7 **Zahlenfolgen**

Setze die Zahlenfolgen fort. Vergleiche mit deinem Partner.

a) 3200, 3400, 3600, … , 5000

b) 5500, 6000, 6500, … , 10000

c) 800, 1200, 1600, … , 4000

d) 10000, 9800, 9600, … , 8000

e) 6000, 7000, 7500, … Wie viele Schritte fehlen bis 10000?

f) 3000, 2700, 2400, … Könnte die letzt Zahl eine 0 sein?

g) 2400, 3000, 3600, … Kann die 6000 erreicht werden? Wie viele Schritte?
Sprecht über eure Vermutungen. Sucht nach Begründungen.

h) Bildet eigene Zahlenfolgen.

Station 8 **Wer als erster? Wer als letzter?**

a) Susi, Katrin, Malte und Igor sollen sich für einen Staffellauf aufstellen. Susi möchte gern als erste laufen. Igor auch. Katrin läuft am liebsten als letzte. Wie viele Möglichkeiten gibt es für eine Aufstellung? Notiere, male, …

b) Nach dem Training wird verabredet: die beiden Jungen übernehmen den Start- und Schlusslauf.

c) Susi, Katrin, Malte und Igor sollen beim Klassenfest ein Gedicht mit 4 Strophen vortragen. Jeder trägt eine Strophe vor. Katrin und Susi wollen nacheinander vortragen. Wie können sie sich aufstellen?

Vorsicht beim Radfahren!

1 Jedes Jahr verunglücken viele Grundschulkinder mit dem Fahrrad.

In einem Jahr waren es in Deutschland ungefähr:

Alter	Mädchen	Jungen	Gesamt
6 Jahre	200	600	800
7 Jahre	300	800	1 100
8 Jahre	300	900	1 200
9 Jahre	400	1 000	1 400
10 Jahre	500	1 100	1 600

Die Zahlen dieser Tabelle kann man in ein Schaubild (Streifendiagramm) übertragen:

je 100 Kinder 

2 Die Klassen 3 und 4 überprüften die Verkehrssicherheit der Fahrräder. 180 Kinder brachten ihre Fahrräder mit.

	Kl. 3	Kl. 4	zusammen
Fahrräder ohne Mängel	20		40
Beleuchtung defekt	20		60
Fehlerhafte Bremsen	10	20	
Fehlender Kettenschutz	40	30	
Fehlende Seitenstrahler	20	10	
Defekte Klingel	10	10	20

Blockdiagramm

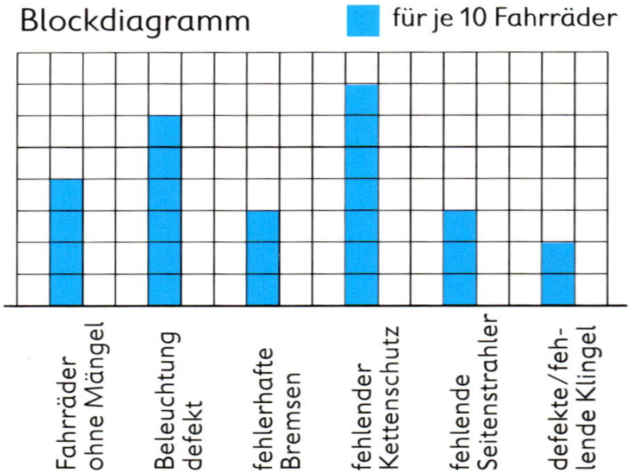

3 Zeichne Schaubilder für die Klassen 3 und 4 in dein Heft. Zeichne für je 10 Fahrräder ein □.

Lisa begann so:

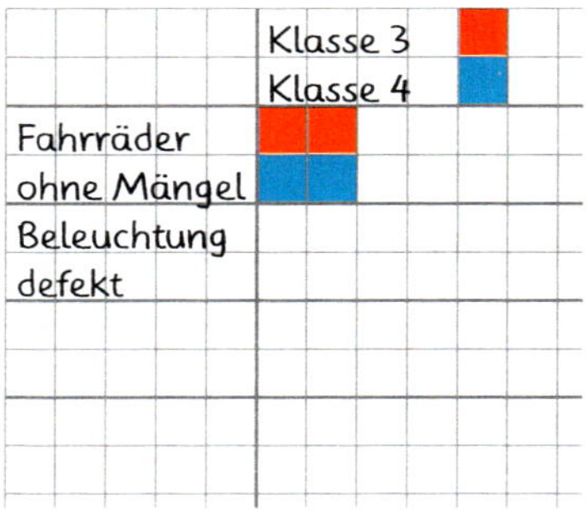

Schaubilder

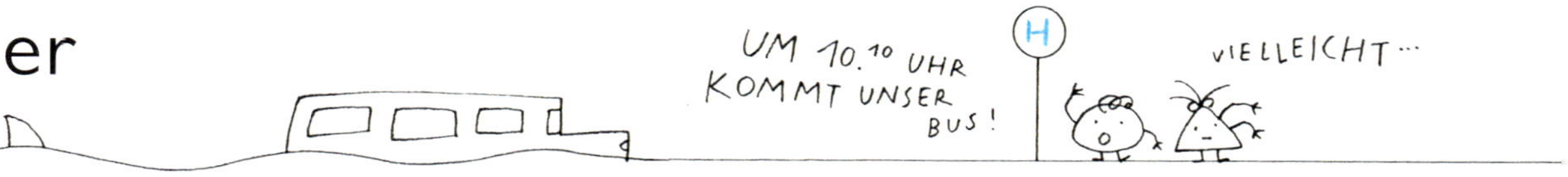

So viele Grundschulen gibt es in:

Dresden	89
Düsseldorf	109
Essen	121
Frankfurt	85
Hamburg	227
Köln	180
Leipzig	86
München	180
Münster	54
Potsdam	22

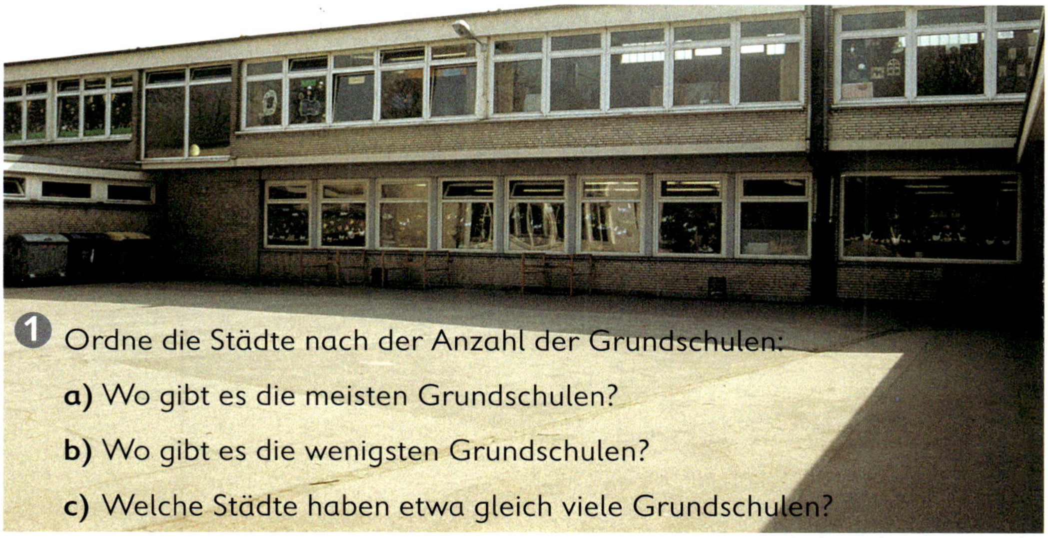

1 Ordne die Städte nach der Anzahl der Grundschulen.

a) Wo gibt es die meisten Grundschulen?

b) Wo gibt es die wenigsten Grundschulen?

c) Welche Städte haben etwa gleich viele Grundschulen?

2 **a)** Runde die Zahlen auf volle Zehnerzahlen.

b) Zeichne ein Schaubild in dein Heft.

Wenn du ein Streifendiagramm wählst, zeichne für je 10 Schulen ein ⌂.

Bei einem Blockdiagramm zeichne für je 10 Schulen ein □.

c) Wie viele Grundschulen gibt es in deinem Heimatort? Ergänze das Schaubild.

3 Auch ein Fahrplan kann ein Schaubild sein:

Schwebebahn	Haltestelle: Adlerbrücke	Vohwinkel – Adlerbrücke – Alter Markt – Werther Brücke – Wupperfeld – Oberbarmen
Abfahrtszeiten: werktags		
05	42 49 57	
06	02 07 12 17 22 27 32 37 42 45 48 52 55 58	
07	02 05 08 12 15 18 22 25 28 31 34 37 40 43 49 52 55 58	
08	01 04 08 12 17 22 27 32 37 42 47 52 57	
09	02 07 12 17 22 27 32 37 42 47 52 57	
10	02 07 12 17 22 27 32 37 42 47 52 57	
11	02 07 12 17 22 26 30 34 37 41 45 49 53 56 59	
12	03 07 11 15 19 23 26 29 32 36 39 43 47 50 54 58	
13	01 05 08 12 15 19 22 26 29 33 36 40 43 47 50 54 58	
14	02 06 10 14 18 22 26 30 34 38 42 46 50 54 58	
15	02 06 10 14 18 22 26 30 34 38 42 46 50 54 58	
16	02 06 10 14 18 22 26 30 34 38 42 46 50 54 58	
17	02 06 10 14 18 22 26 30 34 38 42 46 50 54 58	
18	02 06 10 14 18 22 28 34 40 46 52 58	
19	04 10 16 22 28 35 42 49 56	
20	04 11 20 25 30 37 45	
21	00 15 30 45	
22	00 15 30 45	
23	00 15	

a) Warum ist dieser Fahrplan ein Schaubild?

b) Zu welcher Zeit fahren die meisten Bahnen? Wann fahren die wenigsten Bahnen?

4 **a)** Kann auch dein Stundenplan ein Schaubild sein? **b)** Finde weitere Schaubilder.

1 – 2 Daten aus Tabelle entnehmen und in Streifendiagramm übertragen, sinnvoll runden; 3 Fahrplan lesen und auswerten

Längen

1

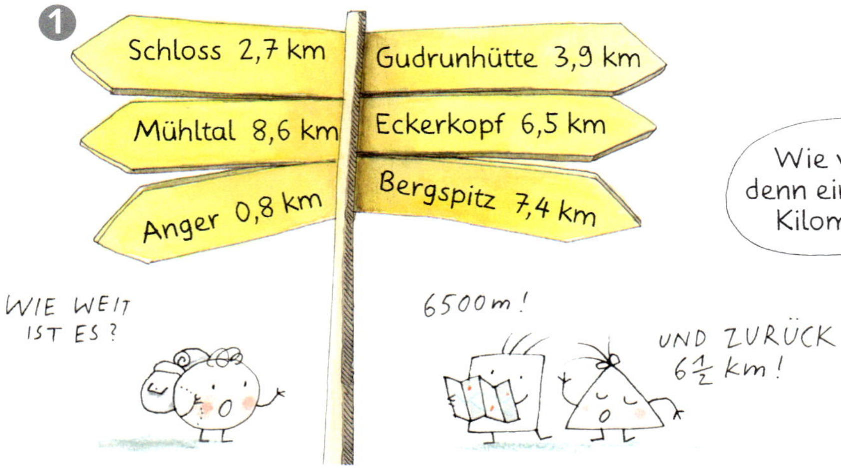

1 km	= 1000 m
0,1 km	= 100 m

2 Rechne in m um.

	km	m			
6,0 km	6	0	0	0	6000 m
3,2 km	3	2	0	0	3200 m

a) 6,0 km, 11,0 km, 25,0 km, 69,0 km, 100,0 km

b) 3,2 km, 12,4 km, 18,6 km, 99,9 km, 107,7 km

3 Rechne in km um.

a) 4500 m, 3300 m, 15500 m, 88800 m

b) 8900 m, 11200 m, 45700 m, 100000 m

4 Ullis Fahrradtacho zeigt an, dass er heute 12,5 km gefahren ist.

5 Jana sagt: „Bis zu meiner Oma sind es dreieinhalb Kilometer!"

6 Rechne in cm um.

	m	cm		
1,00 m	1	0	0	100 cm
0,10 m	0	1	0	10 cm
8,03 m	8	0	3	803 cm

a) 6,0 m, 7,5 m, 11,3 m, 15,6 m

b) 8,75 m, 21,30 m, 10,46 m, 16,99 m

1 m	= 100 cm
0,1 m	= 10 cm
0,01 m	= 1 cm

7 Rechne in m um.

a) 650 cm
820 cm
1030 cm
2540 cm
9095 cm
6305 cm

b) 333 cm
645 cm
956 cm
1111 cm
1010 cm
9080 cm

8 Regalsystem

Welche Regalböden wählst du, wenn die Wand **a)** 2,80 m, **b)** 3,50 m, **c)** 4,10 m lang ist?

Mit Kommazahlen arbeiten, Maßzahlen umrechnen; Repräsentanten aus der Erfahrungswelt für Längen kennen

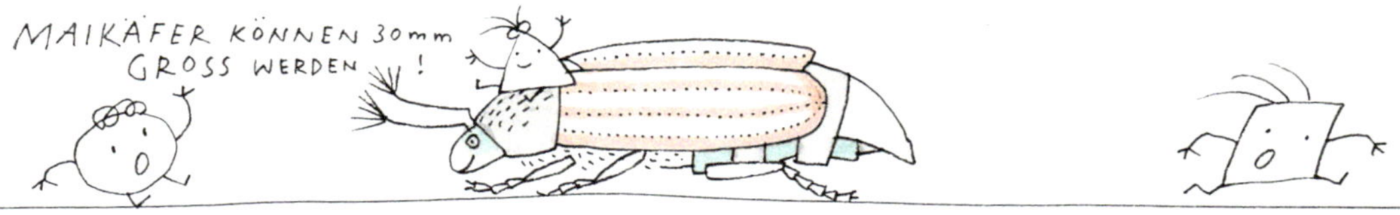

Die Käfer und käferähnlichen Wanzen gehören zu den Insekten.
Auf der Welt gibt es 800 000 verschiedene Arten.

1 cm = 10 mm
0,1 cm = 1 mm

0,9 cm = 9 mm
1,6 cm = 16 mm
3,1 cm = 31 mm

Maikäfer
2 – 3 cm

Feldsandläufer
1 – 1,5 cm

Kartoffelkäfer
0,6 – 1 cm

Blütenbock
1,3 cm

Siebenpunkt-Marienkäfer
0,8 cm

Jeden Tag werden neue Insekten entdeckt.

1 Rechne um.

	cm	mm	
4,0 cm	4	0	40 mm
6,3 cm	6	3	63 mm
0,8 cm	0	8	8 mm

a)	b)	c)	d)
4 cm	6,0 cm	65 mm	43 mm
8 cm	3,0 cm	45 mm	1 mm
10 cm	7,4 cm	77 mm	11 mm
15 cm	17,6 cm	89 mm	107 mm
100 cm	187,4 cm	1000 mm	1003 mm

2 Rechne die Maßangaben in cm und m um.

Warum denn in mm?

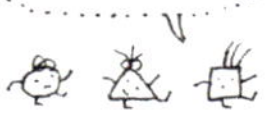

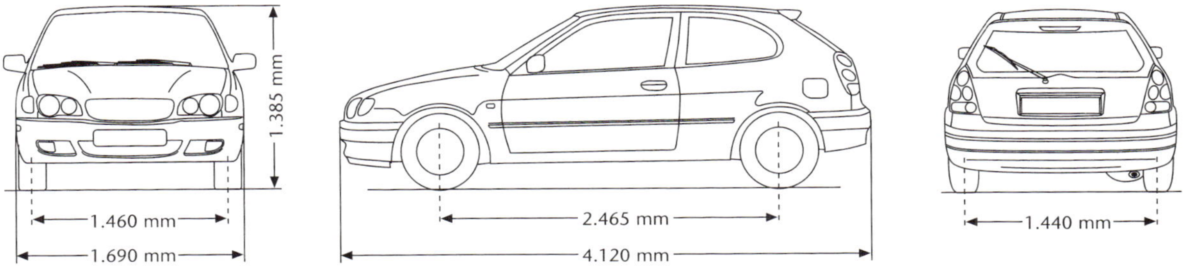

3

A 45, zwischen Hagen und Siegen 30 km Stau.

Wie viele Autos waren etwa in diesem Stau? Nimm für jedes Auto 6 m Platzbedarf an.

Manchmal stauen sie sich bis auf 240 km.

Zeitangaben – Stunden, Minuten, Sekunden

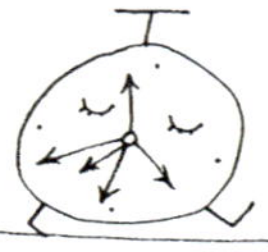

1

Die Stundenzahlen auf der Uhr sind in römischen Zahlzeichen geschrieben.
Die Römer schrieben ihre Zahlen mit den Zeichen I = 1, V = 5, X = 10, L= 50, C = 100, D= 500 und M = 1000 .
Stehen in einer römischen Zahl zwei Zahlzeichen nebeneinander und ist das rechte Zeichen gleich oder kleiner als das linke, so wird es addiert, ist es größer, so wird das linke Zeichen davon subtrahiert.

Baujahr des Hauses:
MDLXXVIII
= 1000 + 500 + 50 +
10 + 10 + 5 + 1 + 1 + 1

XIV = 10 + 5 – 1
XIX = 10 + __ – __

Schreibe in römischen Zahlzeichen die Zahlen von 1 bis 12.
Bei der Uhr im Bild: IIII = 4, eigentlich: IV = 5 – 1.

Die ersten Uhren wurden vor über 700 Jahren hergestellt.
Es gab zuerst auch nur einen Zeiger, den Stundenzeiger.
Vor ungefähr 300 Jahren kam der Minutenzeiger hinzu.
Die ersten Taschenuhren gab es vor ungefähr 200 Jahren.

2 Heute haben viele Uhren eine Sekundenanzeige.

Abfahrt 10.28 Uhr

Wie viele Sekunden bis vierzehn Uhr zehn?

800 m-Lauf:
Welche Zeit wurde gestoppt?

1 Stunde hat 60 Minuten
1 h = 60 min

1 Minute hat 60 Sekunden
1 min = 60 s

Eine halbe Stunde:	$\frac{1}{2}$ h = 30 min
Eine viertel Stunde:	$\frac{1}{4}$ h = 15 min
Eine drei viertel Stunde:	$\frac{3}{4}$ h = 45 min

3 **a)** Schreibe die Uhrzeit in dein Heft.

vormittags: 7.23 Uhr
nachmittags: 19.23 Uhr

b) Welche Zeiten zeigen die Uhren A, B, C, D 10 min, 15 min, 30 min, 45 min später an?

c) Wie viele Stunden und Minuten liegen zwischen der Zeit von A und B, C und D, A und C?

A
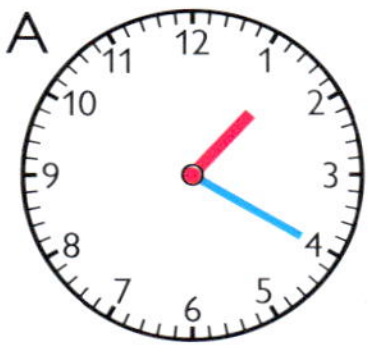

B
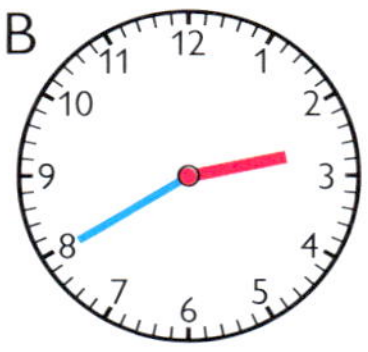

C
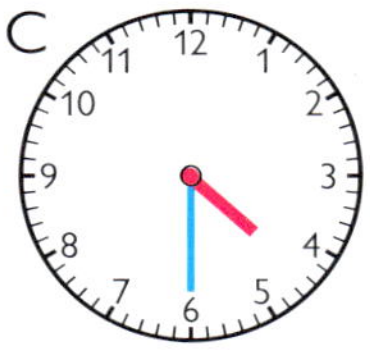

D
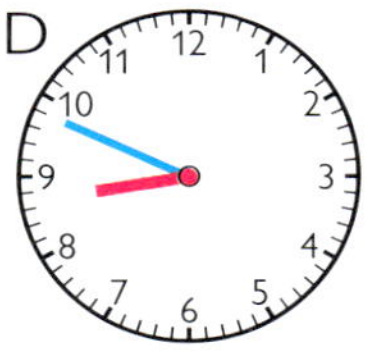

4 Geht das?

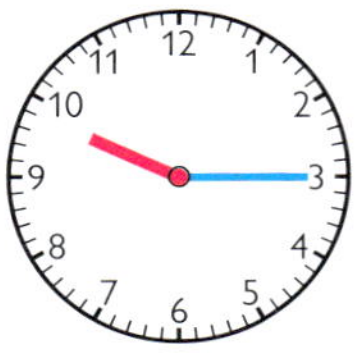

Bezeichnungs- und Sprechweisen eine viertel Stunde, halbe Stunde, drei viertel Stunde einbeziehen; eigene Aufgaben finden

Rechnen mit Zeitangaben

1

a) „Den Abenteuerfilm am Sonntag wollte ich mir unbedingt ansehen. Aber 10 Minuten bevor er losging, rief meine beste Freundin Petra an.“

b) Welche Sendungen würdet ihr euch ansehen?

c) Welche Sendungen sind die kürzesten ?

KIKA KiKA

6.00 Pumuckl TV (ab 6) 37-949-400
7.00 Streng geheim! (ab 8) 33-477-481
7.50 Die Dodo-Insel (ab 7) 71-465-771
8.00 Sesamstraße (ab 3) 65-651-139
8.28 Musik Boxx 395-643-333
8.30 Der Bär 24-048-597
im großen blauen Haus (ab 3)
START Wh. der Puppentrick-serie. 65 Folgen. – Sa. und So.
8.55 Wildlife (ab 3) 71-876-619
9.00 Teletubbies (ab 3) 25-589-597
Funny Walks (in Englisch)
9.25 Bananas (ab 4) 71-784-684
9.30 Bailey Kippers (ab 8) 44-582-348
9.55 Startaxxi (ab 7) 57-479-690
Zu Gast: Rapper Jan Delay
10.00 Tierisch was los (ab 5) 47-479-665
10.25 Rückkehr zum Jupiter (ab 8)
Weltraumpiraten 13-603-042
10.50 Zuschauer d. Woche 25-174-232
11.00 Käpt'n Blaubär (ab 5) 38-364-936

12.00 Das Geheimnis des verschwundenen Satelliten 37-045-139
TIPP S.35 Australien 1990 **(ab 9)**

NEU Abenteuer Drei Freunde (Justin Rosniak, Courtney Keiler, Maia Brewton, v. l.) suchen den abgestürzten Satelliten
Die zwölfjährige Ali, Tochter einer NASA-Wissenschaftlerin, entdeckt, dass ein Satellit ganz in der Nähe abstürzen wird. Mit der kleinen Schwester und ihrem Freund Mike macht sie sich auf die Suche nach der Einschlagstelle…
Regie: John Power
13.35 Mumins (ab 4) 66-817-690
14.00 Philipps Tierstunde 38-451-416

14.00 Philipps Tierstunde 38-451-41
(ab 6) Hotline: 0130/94 99 56
15.00 Achterbahn (ab 10) 33-378-68
Ein Hund namens Freitag (2)
15.30 Tigerenten Club (ab 5)
Thema: Elefanten 34-111-96
16.55 1 – 2 oder 3 (ab 6) 20-470-75
17.20 beatz per minute (ab 8)
Musikmagazin (Wh.) 84-286-75
17.45 ReläXX (ab 8) Trends 76-870-61
18.00 Schloss Einstein (ab 8) 34-734-69
18.30 Blaues Haus (ab 3) 68-551-02
18.53 Boxx 381-699-42
18.55 Sandmännchen 82-049-96

2

Beginn	Dauer	Ende
7.00 Uhr	50 min	Uhr
8.00 Uhr	min	8.28 Uhr
Uhr	25 min	10.50 Uhr
Uhr	1 h 25 min	16.55 Uhr

a) Übertrage die Tabelle in dein Heft. Ergänze die fehlenden Zeiten. Welche Sendungen sind es?

b) Suche weitere Sendungen. Trage die Zeiten in deine Tabelle ein.

3

Info-Zettel
1 Jahr hat 12 Monate
1 Jahr hat 52 Wochen
1 Jahr hat 365 Tage
1 Woche hat __ Tage
1 Tag hat __ Stunden

Nimm einen Kalender zu deiner Hilfe.

a) Vor wie vielen Monaten bist du in die Grundschule aufgenommen worden?

b) Wie viele Tage sind es noch
– bis zum 24.12.,
– bis du 12 Jahre alt wirst?

4

a) Wie viele Sekunden?
5 min, 10 min, 30 min, 45 min, $\frac{1}{2}$min?

b) Wie viele Minuten?
3 h, 12 h, 24 h, $\frac{3}{4}$h, 90 s, 120 s, 600 s?

c) Wie viele Stunden?
1 Tag, 10 Tage, 100 Tage, 1 Woche, 1 Monat?

d) Wie viele Tage?
24 h, 48 h, 12 h, 6 Wochen, 52 Wochen?

e) Wie viele Wochen?
14 Tage, 56 Tage, 350 Tage?

f) Wie viele Jahre?
36 Monate, 48 Monate, 60 Monate?

5 Übertrage in dein Heft.
Wie sieht dein Tagesablauf aus?

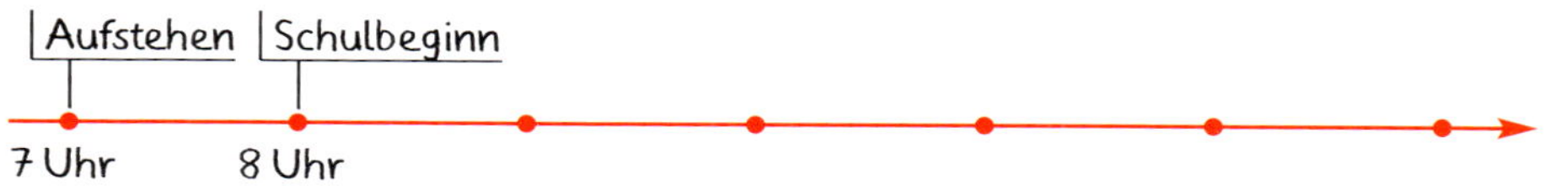

Zeitspannen aus Zeitpunkten bzw. Datumsangaben berechnen;
Tabellen und Zeitstrahl verwenden

Lernstand Zahlen über 1000

1 a) 600 + 700 = ___
400 + 800 = ___

b) 750 + 500 = ___
650 + 850 = ___

c) 1400 − 800 = ___
1200 − 700 = ___

d) 1350 − 600 = ___
1050 − 400 = ___

2

	T	H	Z	E	Zahl
a)	●●	●●	●●●●●●●	●●●●	
b)	●●●●●●●●		●●●●●●	●●●	

Wie heißen die Zahlen?

3 Bilde mit den Ziffern vierstellige Zahlen.

3 4 7 9

a) Notiere alle Zahlen, die größer als 7000 sind.

b) Notiere alle Zahlen, die kleiner als 4000 sind.

4 Schreibe die fehlenden Zahlen auf.

a) 4200, 4400, 4600, … , 5600

b) 8650, 8400, 8150, … , 6900

c) 1750, 1825, 1800, 1875, … , 1975

5 a)

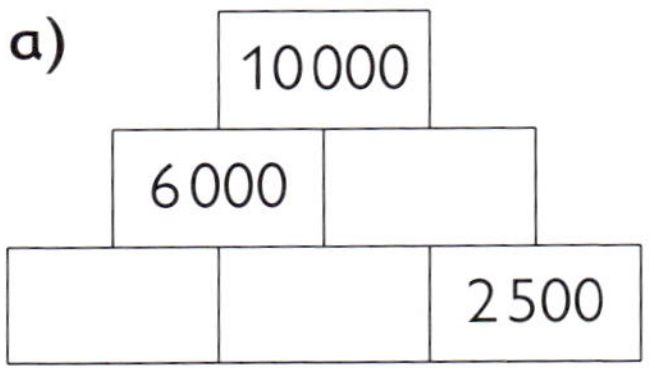

b)

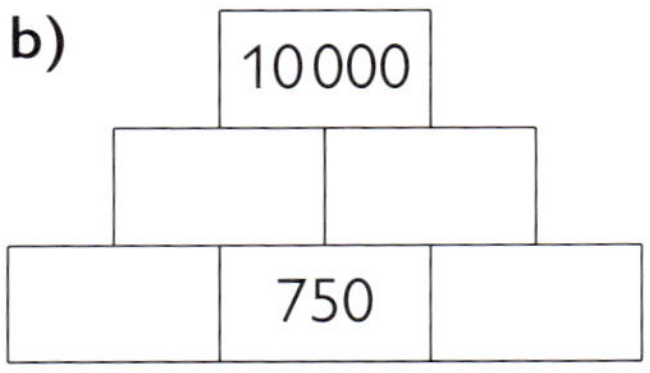

c) Wie sieht die Zahlenmauer aus?
4444, 1111, 3333,
5555, 2222, 9999

6 a) 3468 + 2715

b) 7625 − 1673

c) 5080 − 1999

7 a) 3 68 + 25 5 = 425

b) 8 73 − 57 8 = 515

c) 464 − 38 8 = 3 96

8 Jan hat auf seinem Fahrradtacho 427,9 km abgelesen.
Am Sonntag darauf waren es 478,5 km.

a) Jan ist in der Woche insgesamt __ km gefahren.

b) Jan sagt: „Ich bin an jedem Tag von Montag bis Samstag über 15 km gefahren.“ Was meinst du?

9 Auf Seite 118 ist ein Panoramabild der Berge zu sehen.

	Berg	Höhe
1	Nebelhorn	2224 m
2	Fellhorn	2037 m
3	Mädelegabel	2645 m
4	Höfats	2259 m
5	Zugspitze	2966 m
6	Hochvogel	2593 m
7	Hoher Ifen	2230 m

a) Ordne die Berghöhen an einem Zahlenstrich. Übertrage in dein Heft und ergänze die Skizze .

b) Wie groß ist der Unterschied zwischen dem höchsten und dem niedrigsten Berg?

c) Welche beiden Berge unterscheiden sich am wenigsten in der Höhe?

d) Ergänze den Zahlenstrich um 3 weitere Berghöhen.

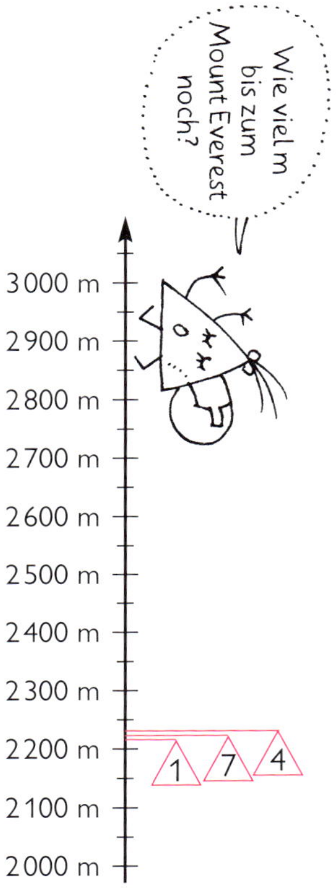

Aufgaben finden

10 3600, 4100, 3900, 4400, 4200, ___, ___, ___, ___, ___, ___.

a) Schreibe die fehlenden Zahlen auf und gib die Regel an.

b) Ordne alle Zahlen der Größe nach. Was ist der kleinste Unterschied zwischen benachbarten Zahlen, was ist der größte Unterschied?

11 Zahlenrätsel

Katja
Der vierte Teil von 10000 ist genau so groß wie die Hälfte von ______.

Susi
Ich stehe bei 7500 und mache gleich große Schritte. Mit 5 Schritten bin ich bei 10000.

Nico
Wie groß ist der Unterschied zwischen der größten und der kleinsten vierstelligen Zahl?

Imo
Ich starte bei 1500 und mache 2000er Schritte. Wo bin ich nach 5 Schritten?

12

	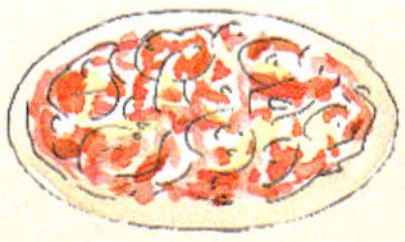 Tomate und Käse	 Salami	 Thunfisch
Pizzeria	6,50 €	7,00 €	7,50 €
Pizzaservice	4,90 €	5,50 €	6,50 €
Tiefkühltruhe	2,95 €	2,95 €	2,95 €

a) Die billigste Pizza kostet __ €, die teuerste __ €.
Ich möchte eine Pizza mit __________ in/vom/aus der __________.
Sie ist __ € teurer als die billigste Pizza.

b) „Wir sind zu dritt und haben zusammen nicht mehr als 10 €. Was können wir wählen?“

13 **a)** Wähle 3 Zahlen.
Die Summe soll kleiner als 10000 sein.

7408 1985 890 4085 6127

b) Wähle 2 Zahlen und berechne die Differenz. Die Differenz soll größer als 500 sein.

c) Wahr oder falsch?

Mathilde
Die Summe der 3 kleinsten Zahlen ist kleiner als 6000.

Anton
4085 ist mehr als das Doppelte von 1985.

Andrea
Es gibt 2 Zahlen, deren Differenz kleiner als 3000 ist.

Tom
Die Summe der größten und kleinsten Zahl ist größer als die Summe der zweitgrößten und der zweitkleinsten Zahl.

d) Finde Aufgaben, deren Ergebnis zwischen 5000 und 6000 liegt.

14 3618 3434 5089 4905

Zwei Summen haben das gleiche Ergebnis.
Ein Überschlag kann helfen.

Schriftlich multiplizieren

1 Die Aufgabe 312 · 3 kann man verschieden rechnen.

schriftlich addieren

	H	Z	E
	3	1	2
+	3	1	2
+	3	1	2
	9	3	6

halbschriftlich multiplizieren

312 · 3 =	
2 · 3 =	6
10 · 3 =	30
300 · 3 =	900
312 · 3 =	936

312 · 3		
H	Z	E
		6
	3	0
9	0	0
9	3	6

schriftlich multiplizieren

312 · 3		
H	Z	E
9	3	6

Beginne bei den Einern und sprich:

1. Schritt 3 · 2 E = 6 E • Schreibe 6
2. Schritt 3 · 1 Z = 3 Z • Schreibe 3
3. Schritt 3 · 3 H = 9 H • Schreibe 9

Bei welcher Rechnung musst du besonders wenig schreiben?

2 Rechne schriftlich im Heft.

212 · 4	203 · 3	441 · 2	332 · 3	230 · 3
H Z E	H Z E	H Z E	H Z E	H Z E
8				

3 In der Aufgabe 173 · 4 entstehen Überträge.

schriftlich addieren

	H	Z	E
	1	7	3
+	1	7	3
+	1	7	3
+	1	7	3
	2	1	
	6	9	2

halbschriftlich multiplizieren

173 · 4		
H	Z	E
	1	2
2	8	0
4	0	0
6	9	2

schriftlich multiplizieren

173 · 4		
H	Z	E
6	9	2

Beginne bei den Einern und sprich:

1. Schritt 4 · 3 E = 12 E • Schreibe 2 • merke 1 Z
2. Schritt 4 · 7 Z = 28 Z
   28 Z + 1 Z = 29 Z • Schreibe 9 • merke 2 H
3. Schritt 4 · 1 H = 4 H
   4 H + 2 H = 6 H • Schreibe 6

4 Schriftlich multiplizieren mit Übertrag.

Du kannst kürzer schreiben:

173 · 4
692

a)	b)	c)
173 · 4	209 · 4	139 · 7
231 · 4	290 · 3	181 · 5
238 · 4	240 · 4	326 · 3
148 · 6	499 · 2	229 · 4

692, 836, 870, 888, 905, 916, 924, 952, 973, 960, 978, 998

5 Multipliziere 147 mit 2, 3, 4, 5.
Wie kannst du deine Ergebnisse prüfen?

6 Die Nachmittagsvorstellung im Zirkus wird von 127 Kindern besucht.
Der Eintrittspreis beträgt 7 Euro.

1 Schriftliche Multiplikation als verkürzte halbschriftliche Multiplikation verstehen; Schreib- und Sprechweise einführen; 3 mit Überträgen rechnen

7 Überträge können an jeder Stelle auftreten.

4	7	3	·	6	
	T	H	Z	E	
	2	8	3	8	

a) 413 · 4
607 · 5
300 · 6

b) 275 · 6
721 · 8
580 · 4

c) 989 · 6
742 · 7
806 · 6

d) 536 · 4
376 · 2
760 · 5

e) 645 · 4
734 · 4
989 · 9

752, 2936, 1652, 5194, 1650, 2580, 3035, 5768, 2144, 5934, 1800, 2320, 8901, 3800, 4836

8 Überschläge

231 · 6

Mathilde rechnet einen Überschlag.

Ü: 6 · 200 = 1200

R:	2	3	1	·	6
		1	3	8	6

378 · 5

Susi rechnet auch einen Überschlag.

Ü: 5 · 400 = 2000

R:	3	7	8	·	5
		1	8	9	0

Rechne mit Überschlag.

a) 262 · 4
139 · 5
333 · 3

b) 219 · 3
422 · 5
444 · 4

c) 608 · 4
220 · 6
555 · 5

d) 878 · 3
459 · 4
888 · 8

e) 391 · 6
666 · 6
777 · 7

9 Kontrolliere die Ergebnisse.
Ein Überschlag zeigt dir, welche Ergebnisse nicht richtig sein können.

a) 421 · 3 = 1503

b) 573 · 5 = 2405

c) 233 · 6 = 1398

d) 315 · 3 = 1245

e) 681 · 6 = 4086

10 Viele Nullen – auch im Ergebnis.

a) 609 · 8
730 · 4
669 · 3

b) 208 · 9
600 · 7
409 · 5

c) 379 · 0
460 · 0
501 · 6

d) 667 · 3
334 · 6
884 · 6

e) 250 · 6
305 · 4
702 · 8

11 In ein Lebensmittelgeschäft werden täglich 128 Packungen Milch geliefert.
Wie viele Packungen sind das pro Woche?

12 In einem Möbelgeschäft kostet der Esstisch 210 Euro, ein Stuhl 168 Euro. Wie viel bezahlen die Eltern für den Tisch und 4 Stühle?

Überschläge als Rechenkontrolle verwenden, dabei sinnvoll runden;
10 Umgang mit Nullen

Multiplizieren von Kommazahlen

1

Preisliste	
1 Kasten Mineralwasser	4,29 €
1 Kasten Wasser	4,95 €
1 Kasten Tafelwasser	3,56 €
1 Kasten Limonade	5,85 €
1 Flasche Orangensaft (1 l)	1,09 €
1 Flasche Apfelsaft (1 l)	0,79 €
1 Flasche Apfelschorle (1 l)	0,70 €

Heikes Vater kauft für ein Gartenfest 3 Kästen Mineralwasser.

Heike überschlägt den Preis: 4 € · 3 = 12 €

Dann rechnet sie in drei Schritten:

1. Schritt: umwandeln

4,29 € = 429 ct

2. Schritt: rechnen

429 ct · 3
1287 ct

3. Schritt: umwandeln

1287 ct = 12,87 €

Momos Vater rechnet direkt mit Kommazahlen:

4,29 € · 3
12,87 €

2 Überschlage vorher.

a) Heikes Vater kauft noch 6 Flaschen Orangensaft und 6 Flaschen Apfelsaft.

b) Was kosten 3 Kästen Tafelwasser? Was kann Heikes Vater sparen, wenn er statt Mineralwasser Tafelwasser kauft?

3

4 Kästen Mineralwasser
5 Kästen Limonade
5 Flaschen Orangensaft

2 Kästen Wasser
5 Flaschen Apfelsaft

3 Flaschen Apfelsaft
2 Kästen Tafelwasser

a) Was kosten die Getränke?

b) Apfelschorle für eine Klasse mit 30 Kindern: 6 Flaschen Apfelsaft und 6 Flaschen Mineralwasser werden gemischt. Was kostet die Apfelschorle etwa für jedes Kind?

4 Erst überschlagen, dann genau rechnen.

a)	b)	c)	d)	e)
4,35 € · 3	2,02 € · 4	5,13 € · 5	0,89 € · 4	6,09 € · 3
9,99 € · 3	3,69 € · 4	5,13 € · 6	0,80 € · 5	9,06 € · 2
0,72 € · 3	7,15 € · 4	5,13 € · 7	0,35 € · 6	3,07 € · 8

5

a) Jens kauft 4 kg Zucker. 1 kg kostet 0,88 Euro. Er bezahlt mit 5 Euro.

b) Petra kauft 5 Gläser Honig. 1 Glas kostet 1,79 Euro. Sie bezahlt mit 10 Euro.

c) Momo kauft 3 l Milch. 1 l kostet 0,83 Euro. Sie bezahlt mit 5 Euro.

Kommazahlen lesen, sprechen und interpretieren können; Kommazahlen multiplizieren und mit Preisangaben rechnen können

ICH KOMMAPLIZIERE  MIT MULTIZAHLEN!

1 Überschlage vorher.

a) 2,83 · 4 **b)** 3,45 · 4 **c)** 8,03 · 6 **d)** 0,46 · 5 **e)** 0,05 · 8
1,11 · 8 1,45 · 4 7,09 · 8 0,91 · 8 4,05 · 7

0,4 2,3 5,8 7,28 8,88 11,32 13,8 28,35 48,18 56,72

2 Viele Nullen. Überschlagen und dann rechnen.

a) 3,99 · 0 **b)** 2,25 · 4 **c)** 0,08 · 7 **d)** 2,7 · 6 **e)** 0,02 · 6
0,72 · 0 3,20 · 5 0,80 · 7 0,9 · 5 2,02 · 5

3 Schreibe die Ergebnisse in m.

a) 2,46 m · 6 **b)** 85 cm · 6
3,05 m · 4 70 cm · 5
5,00 m · 8 9 cm · 9
0,73 m · 3 33 cm · 3

4 Schreibe die Ergebnisse in cm.

a) 4,5 cm · 6 **b)** 47 mm · 4
3,7 cm · 5 9 mm · 6
5,0 cm · 8 20 mm · 8
0,8 cm · 4 15 mm · 3

5 Vor dem Wohnhaus wird ein Zaun aufgestellt. Das Grundstück ist 14,50 m lang. Herr Berger kauft 5 Zaunstücke zu je 3,20 m Länge. Reicht das? Jedes Zaunstück kostet 9,95 Euro.

6 Von einer Holzlatte werden 5 Stücke mit je 37 cm Länge abgesägt. Es bleibt ein Stück mit 15 cm übrig. Wie lang war die Holzlatte?

7 Schreibe die Ergebnisse in Euro und Cent.

0,76 € · 6 =

0,76 € · 6
4,56 €

4,56 € = 456 ct

a) 1,72 € · 3 **b)** 47 ct · 4 **c)** 6,25 € · 3
2,45 € · 4 35 ct · 6 69 ct · 8
0,36 € · 3 27 ct · 8 0,96 € · 4
0,28 € · 3 22 ct · 10 72 ct · 5
3,50 € · 3 74 ct · 2 8,50 € · 10
4,45 € · 2 58 ct · 7 77 ct · 4

8

Bei jedem Kauf wird mit einem 20 Euro-Schein bezahlt.

Schulwege

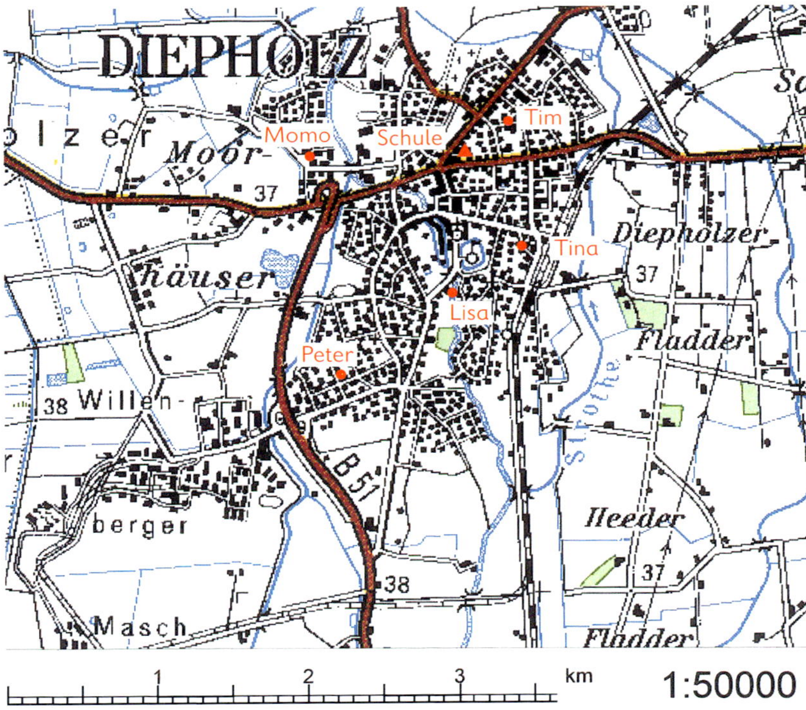

Die Entfernungen zwischen den Wohnhäusern der Kinder und der Schule kann man auf der Karte ausmessen.
Wie lang die Wege in Wirklichkeit sind, lässt sich leicht ausrechnen.
An der Messlatte unter der Karte kannst du leicht nachmessen, wie lang die abgebildete Strecke für einen Weg ist, der in Wirklichkeit 1 km lang ist.

1 : 50 000 bedeutet:
1 cm auf der Karte entspricht 50 000 cm in der Wirklichkeit

1

	Länge des Schulwegs	Länge der Luftlinie Karte	Wirklichkeit
Peter	2,500 km		
Lisa	1,100 km		
Tina	1 km		
Tim	500 m		
Momo	1,200 km		

Übertrage die Tabelle in dein Heft.
Vergleiche die Schulwege der Kinder.
Warum stimmen Luftlinie und Schulweg nicht überein?

2

Wie kommen die Kinder zur Schule?
- zu Fuß
- mit dem Fahrrad
- mit dem Auto

Wie viel Zeit für den Schulweg?
- an einem Tag?
- in einer Woche?
- in …

Wie lange brauchen die Kinder für ihren Schulweg?

3 Georg und Tina möchten noch mehr wissen:
- Momo kommt jetzt immer mit dem Fahrrad zur Schule. Bis zum 4. Schuljahr wurde sie von ihrer Mutter gebracht.
- Wie viel macht der Unterschied von 100 m pro Schulweg in der gesamten Schulzeit aus?
- Mario sagt: „Im letzten Schuljahr betrug mein Schulweg insgesamt ca. 760 km.“ Wohnst du näher an deiner Schule?
- Wie lang ist der Schulweg eines Kindes ungefähr, das in den vier Grundschuljahren mehr als 400 km zurücklegt?
- Wie lang ist dein Schulweg im nächsten Schuljahr? Wie wirst du ihn zurücklegen?

Informationen sammeln und darstellen

1

Was interessiert dich an Albatrossen?

Beschaffe dir Informationen und werte sie aus.

2 **a)** Wie groß ist ein Albatros?

Schülerin Kathrin: 1,30 m
Schwimmer Michael Gross: 2,20 m
Wander-Albatros: 3,50 m

Ein Albatros wiegt zwischen 5 kg und 10 kg. Vergleiche mit deinem Gewicht und mit dem Gewicht eines Erwachsenen.

b) Wie groß ist ein Albatrosei?

Getränkedose | Albatrosei | Hühnerei | Starenei

Der Albatros legt nur ein Ei pro Jahr.

Es wiegt etwas weniger als $\frac{1}{10}$ seines Körpergewichtes. Vergleiche mit den Eiern anderer Vögel. Ein anderer Vergleich: ein Menschenbaby wiegt etwa 3,5 kg, seine Mutter 60 kg.

3 Albatrosse starten gelegentlich zu „Monsterflügen“ über 10 000 km ohne Landkontakt. Dafür benötigen sie etwa 30 Tage.

Vergleiche mit dem Flug eines Storches. Siehe auf Seite 23 nach.

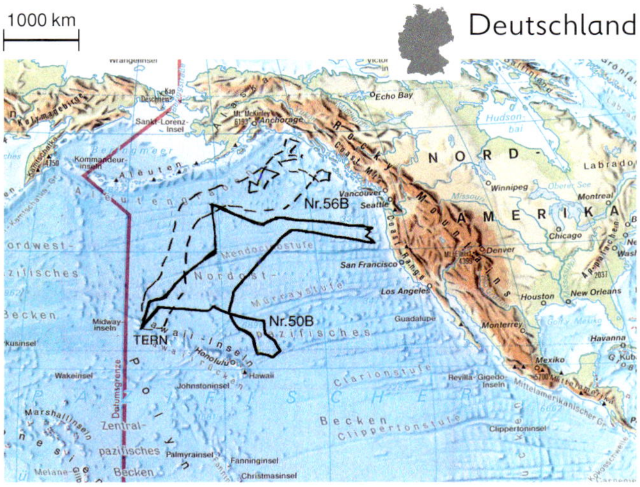

4 Ein Steckbrief zum Albatros:

Größe: ____________________

Spannweite: ____________________

Gewicht: ____________________

Eier pro Jahr: ____________________

Nahrung: ____________________

Feinde: ____________________

Brutzeit: ____________________

Flugstrecken: ____________________

Informationen, Daten aus Sachtexten und Internet beschaffen;
Daten vergleichen und Veranschaulichungen finden; **4** Eigene Beschreibung anlegen

Ein Hundeleben …

Schon lange wünscht Anna einen Hund als Freund und Spielgefährten. Sie hat herausgefunden, dass ein reinrassiger Hund sehr teuer ist und schlägt deshalb ihren Eltern vor im Tierheim nachzufragen. „Dort gibt es Hunde, die ein neues, gutes Zuhause suchen“, sagt sie.

„Ob wir einem Hund bieten können, was er braucht, müssen wir sorgfältig überlegen,“ antwortet der Vater, „und wir müssen nicht nur über den Preis für die Anschaffung nachdenken. Wichtig ist auch, welche Kosten regelmäßig entstehen.“

1 Das muss vor der Anschaffung eines Hundes überlegt werden.

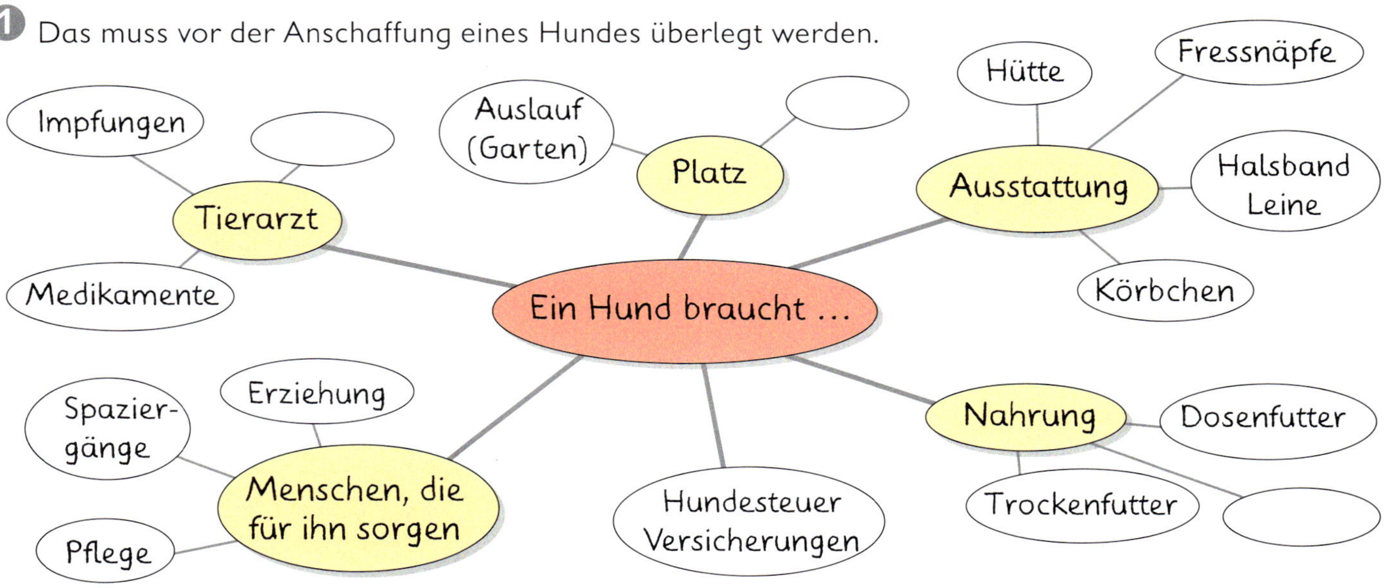

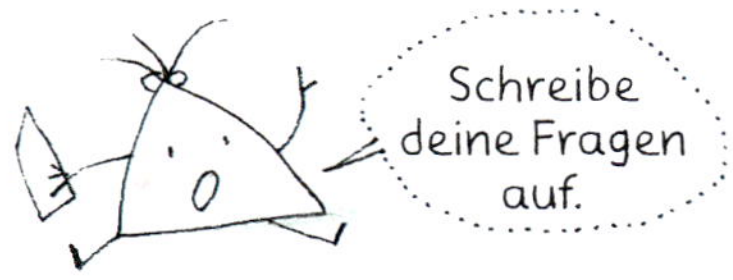

Welche Nahrung braucht mein Hund und wie viel täglich?
Muss jeder Hund versichert sein?
Wie viel Zeit muss ich täglich für meinen Hund einplanen?
Wie lange lebt ein Hund?

2 Als Grundaustattung benötigt man:

3 Zur Ernährung benötigt man:

Gewicht des Hundes	empfohlene Futtermenge pro Tag
5 kg	400 g
10 kg	600 g
20 kg	1 200 g
30 kg	1 600 g

4 Welche Kosten muss Anne noch berücksichtigen? Was kostet ein Hund im Jahr?
Welche Hunderassen kennst du? Informationen findest du unter: http://www.hunderassen.de

Punkt vor Strich

1 **a)** Zum Klassenfest gibt es Saft.
Wie viele Päckchen sind es?

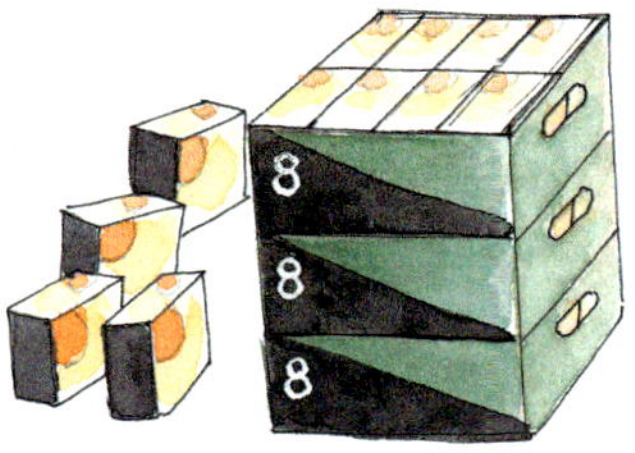

4 + 3 · 8 = ___

Peter rechnet so:
4 + 3 · 8 = ___

3 · 8 = 24
4 + 24 = 28

4 + 3 · 8 = 28

b) Wie viele Eier können noch verkauft werden?

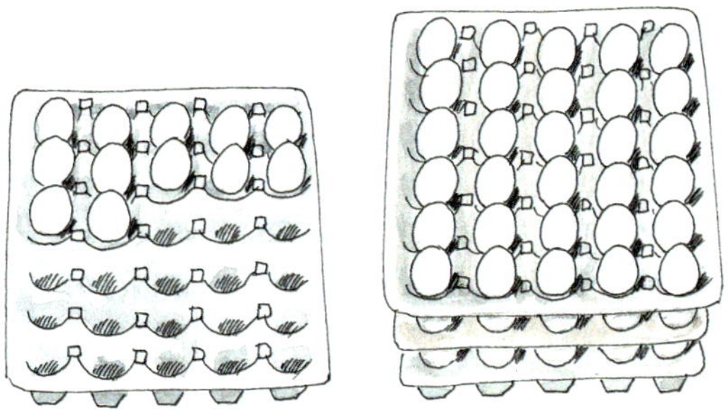

Regel: Punktrechnung kommt vor Strichrechnung.

Multiplikation (·) und Division (:) sind Punktrechnungen,
Addition (+) und Subtraktion (–) sind Strichrechnungen.

2 **a)** Was muss Imo bezahlen?

1 Kornbrötchen
6 einfache Brötchen

36 ct | 20 ct

b) Wie viel Geld?

c) Wie viele Urlaubsfotos?

3 Filme mit je 36 Bildern und
1 Film mit 24 + 3 Bildern.

3

a)
7 + 6 · 7 = ___
40 + 3 · 9 = ___
53 + 7 · 5 = ___

b)
65 – 5 · 7 = ___
81 – 8 · 8 = ___
50 – 8 · 4 = ___

c)
20 + 30 · 4 = ___
50 + 70 · 5 = ___
60 + 6 · 80 = ___

d)
7 · 3 + 4 · 8 = ___
8 · 6 + 3 · 9 = ___
9 · 9 – 3 · 7 = ___

4

a)
80 + 9 · 7 = ___
25 + 6 · 8 = ___
48 + 9 : 3 = ___

b)
320 + 6 · 40 = ___
298 + 7 · 25 = ___
462 – 28 : 4 = ___

c)
4 · 16 + 40 = ___
7 · 52 + 85 = ___
72 : 9 + 80 = ___

d)
7 · 6 + 5 · 3 = ___
4 · 8 + 6 · 8 = ___
50 : 10 – 80 : 20 = ___

5

a)

Minizirkus
Einzelkarte für
Kinder bis 14 Jahre 5 €
Erwachsene 9 €

Die Abschlussveranstaltung wird von 210 Kindern und 104 Erwachsenen besucht.

b)

Freibad
Einzelkarte für
Kinder bis 14 Jahre 1,50 €
Erwachsene 2,50 €

Am letzten Öffnungstag im September wurden 170 Karten an Kinder und 55 Karten an Erwachsene verkauft.

c)

Bergbahn
max. Zuladung 1300 kg
Erwachsener ca. 75 kg
Kind ca. 45 kg

In der Gondel fahren 8 Erwachsene und 12 Kinder mit.
1 Paar Ski wiegt ca. 8 kg.

Grundrechenarten miteinander verbinden;
Regel: „Punkt- vor Strichrechnung" aus Sachsituationen ableiten

Körper

❶

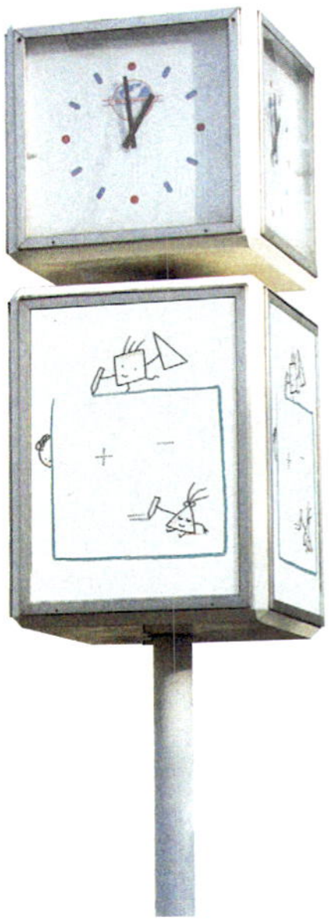

Nenne weitere Beispiele für Körperformen aus deiner Umgebung.

❷

Anzahl der	Würfel	Quader	Kugel	Zylinder	Pyramide	Kegel
Ecken						
Kanten						
Seitenflächen						
Beispiele						

❸ Welche Körper können es sein? Schreibt eigene Rätsel auf.

Simon
Ein Körper ohne Kanten.

Momo
Ein Körper mit 6 Rechtecken und 12 gleichlangen Kanten.

Kati
Ein Körper mit einer Spitze und einer Kreisfläche.

Mario
Ein Körper bei dem gegenüberliegende Flächen Rechtecke sind.

Uta
Um den Körper zu basteln, brauche ich zwei Kreisflächen und ein Rechteck.

Imo
Ein Körper mit genau einer Kante.

Sven
Wenn ich den Körper durchschneide, erhalte ich immer eine Kreisfläche.

Peter
Ein Körper mit genau 4 Ecken.

❷ Partner-/Gruppenarbeit

Würfel und Quader

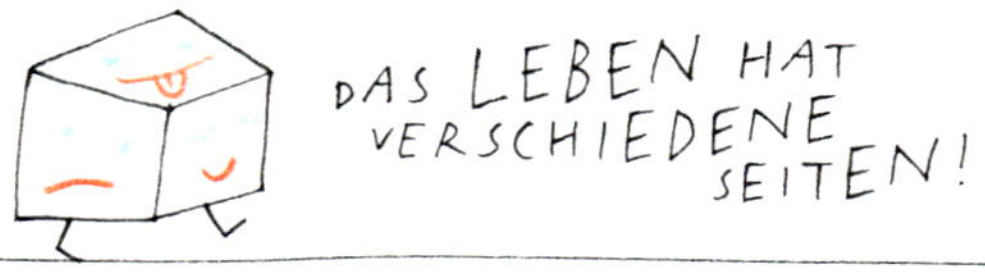

1 Kantenmodelle von Würfel und Quader

a) Wie viele Ecken und Kanten werden für den Würfel benötigt?

b) Wie viele Steckwürfel benötigst du für den abgebildeten Quader?

c) Wie viele Steckwürfel fehlen für einen ausgefüllten Quader?

2 **a)** Baut aus der Stanzbeilage einen Würfel und einen Quader.

b) Baue aus zwei Quadern einen Quader. Wie viele Möglichkeiten gibt es?

c) Wie ist es bei 4 gleichen Quadern? Es gibt insgesamt 6 verschiedene Quader.

3 **a)** Übertrage die Netze auf Karopapier und falte sie zu einem Würfel.

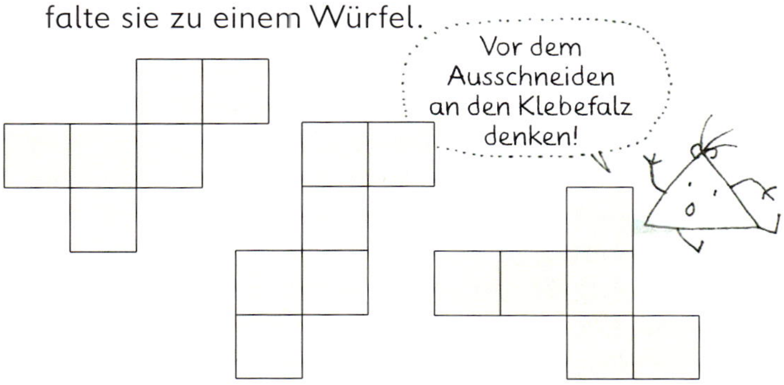

b) Welches Netz gehört zu welchem Würfel?

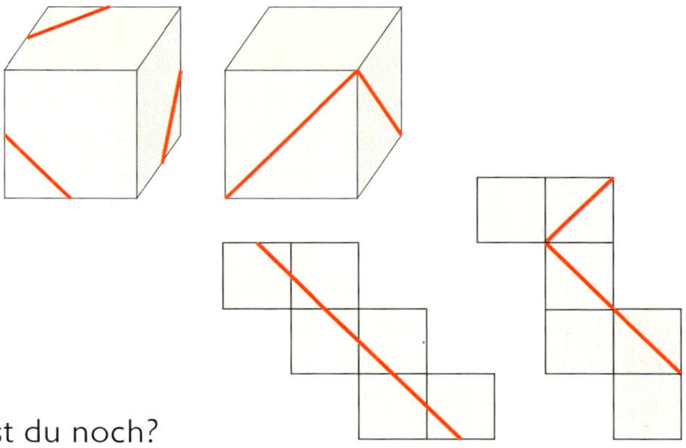

c) Es gibt 11 verschiedene Würfelnetze. Welche findest du noch?

4 Simon vermutet: „Der Würfel und der Quader aus der Stanzbeilage haben das gleiche Volumen."

Was vermutest du? Kannst du eine Begründung finden? Sammelt Ideen, wie man das zeigen kann.

5 Würfelzucker? Finde Aufgaben.

Würfelkörper und Baupläne

1 Welcher Bauplan gehört zu welchem Körper?

a)

1	1	2

b)

	1	
1	2	

c)

1	1	
2		

2

a) Welches Kind hat welche Baupläne geschrieben?

2	1
	1

	2
1	1

	1
1	2

1	
2	1

1	
1	2

2	1
1	

1	2
	1

b) Welcher Bauplan fehlt?

3 Wie viele Würfel fehlen, um den nächst größeren Würfel zu bauen?

a)

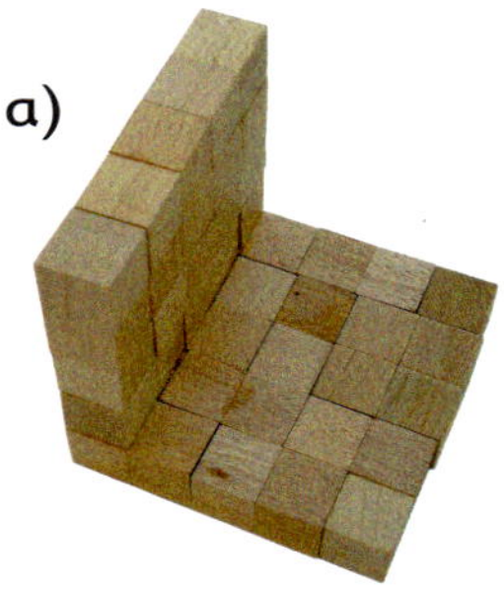

b)

c)

4 **a)** Diese sieben Würfelkörper bilden zusammen den Soma-Würfel. Schreibe die Baupläne auf.

b) Gib für jedes Bild einen Bauplan an.

c) Nimm vom Soma-Würfel immer einen Würfelkörper weg und schreibe den Bauplan des Restkörpers auf.

Was sehe ich?

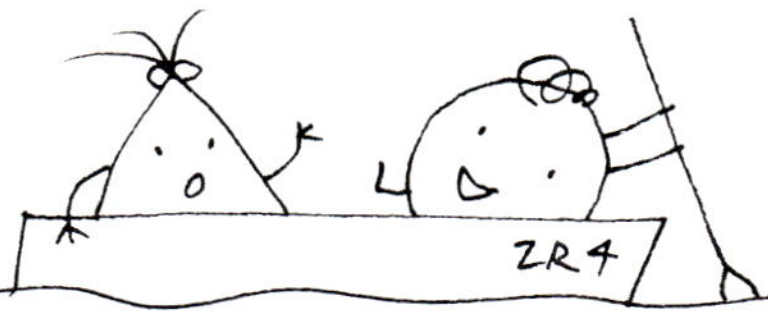

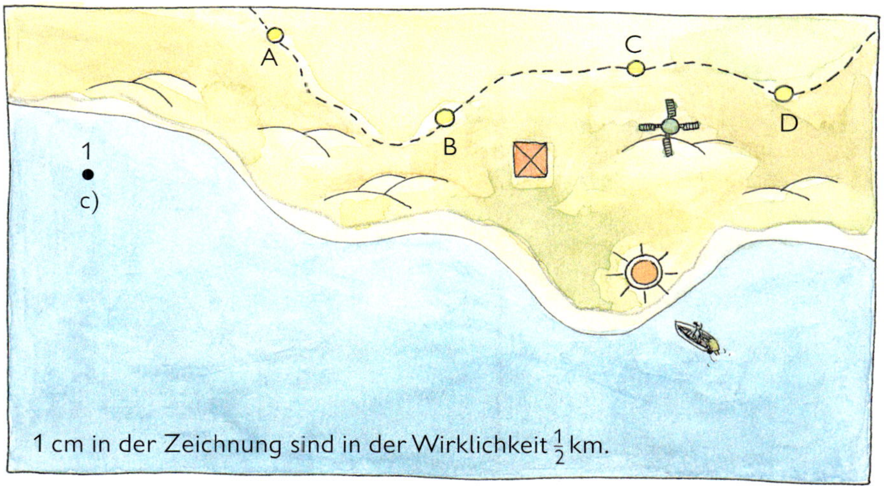

1 Der Kapitän der „Sturmmöwe“ fährt in der Dämmerung an der Küste entlang. Er erkennt einige markante Punkte: einen alten Kirchturm, einen Leuchtturm und – leicht erhöht auf einer Düne – eine Windmühle. Der Kapitän hat 6 Fotografien gemacht. Sie sind durcheinander geraten. Ordne sie. Das erste Bild bekommt die Nummer 1.

a)

b)

c)

d)

e)

f)

2 Du kannst den Weg des Schiffes in die Karte einzeichnen. Der Kapitän hat die Entfernung zum Strand aufgeschrieben.

Bildnummer	1	2	3	4	5	6
Entfernung zum Strand in km	1	2	2	$1\frac{1}{2}$	1	2

3 Jan hat ein Ruderboot mit Außenbordmotor am Leuchtturm liegen. Er fährt mit Anna und Peter zum Angeln. Wenn er zurückschaut, sieht er zuerst den Kirchturm links vom Leuchtturm und rechts die Windmühle. Dann verschwindet die Windmühle hinter dem Leuchtturm und schließlich liegt die Windmühle zwischen Kirchturm und Leuchtturm. Wie könnte er gefahren sein?

4 Anna macht einen Spaziergang mit ihren Eltern in den Dünen. Sie fotografiert von den Stellen A, B, C und D aus. Ein Bild siehst du hier. Von welchem Punkt aus wurde es aufgenommen? Skizziere die restlichen Bilder.

Zahlen bis 100 000

1 Das Herz eines Kolibri schlägt in einer Minute ungefähr 1200 mal. Wie oft schlägt es in einer Stunde?

2 Wie oft schlägt dein Puls in einer Minute?
Runde die Zahl auf volle Zehner.

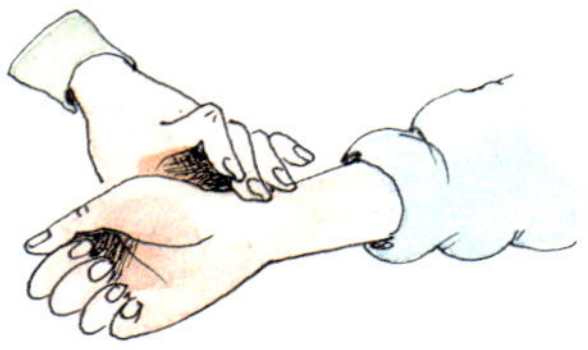

Wie oft schlägt er
a) in einer Stunde?
b) in zehn Stunden?
c) in 20 Stunden?
d) ungefähr an einem Tag?

3

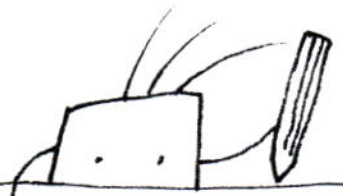

Große Strecken

Mondumfang:	11 000 km
Erdumfang:	40 000 km
Größte Meerestiefe:	10 924 m

Zuschauerzahlen beim Fußball

HSV – Bayern München:	52 800
BVB Dortmund – Hansa Rostock:	60 000
Eintracht Frankfurt – Schalke 04:	38 700

4

a)
30 + 48 = ___ 30 000 + 48 000 = ___
25 + 47 = ___ 25 000 + 47 000 = ___
18 + 82 = ___ 18 000 + 82 000 = ___

b)
100 – 55 = ___ 100 000 – 55 000 = ___
80 – 37 = ___ 80 000 – 37 000 = ___
75 – 28 = ___ 75 000 – 28 000 = ___

c)
5 · 7 000 = ___ 20 000 : 5 = ___
9 · 5 000 = ___ 40 000 : 5 = ___
8 · 4 000 = ___ 24 000 : 4 = ___
9 · 9 000 = ___ 24 000 : 8 = ___

5 Immer 100 000

a)
50 000 + ___ = 100 000
80 000 + ___ = 100 000
65 000 + ___ = 100 000
12 000 + ___ = 100 000

b)
10 · ___ = 100 000
5 · ___ = 100 000
2 · ___ = 100 000
4 · ___ = 100 000

6 Die Klasse 4b geht einmal in der Woche zum Schwimmen. Der Weg hin und zurück beträgt rund 2 000 m. Welche Strecke gehen die Kinder in einem Schuljahr (40 Wochen)?

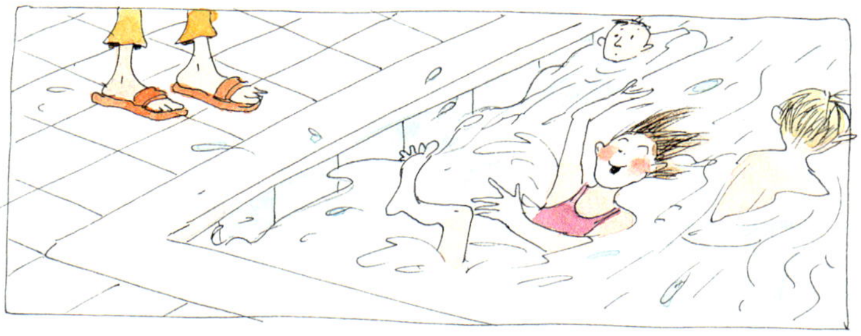

$40000 + 2000 + 300 + 50 + 8 = 42358$

HT	ZT	T	H	Z	E
Hunderttausender	Zehntausender	Tausender	Hunderter	Zehner	Einer
	4	2	3	5	8

4ZT 2T 3H 5Z 8E gleich zweiundvierzigtausenddreihundertachtundfünfzig

1 Schreibe in eine Stellenwerttafel und lies die Zahlen.

a) 7ZT 3T 5H 2Z 4E
b) 1ZT 4T 8H 6Z 2E
c) 6ZT 8T 0H 5Z 3E
d) 9ZT 0T 9H 9Z 1E
e) 3ZT 4H 5Z 7E
f) 6ZT 7T 5E
g) 5T 7H 3Z 4E
h) 9ZT 9H 9E
i) 9T 9E

2 Ordne der Größe nach.

a) 45762, 57409, 18563, 45672
b) 69309, 96420, 75463, 69390
c) 10068, 16080, 12654, 21546
d) 53918, 35819, 53189, 35981

3 Lies die Zahlen und schreibe sie auf.

a) dreiundvierzigtausendvierhundertzwei
b) sechsundneunzigtausendsiebenhundertacht
c) achtzehntausendfünfhundertsiebenundzwanzig
d) zwölftausendachthundertdrei
e) fünfunddreißigtausendfünfunddreißig

4 Schreibe als Plusaufgabe.

45738 = 40000 + 5000 + 700 + 30 + 8

a)	b)	c)
53742	14056	30006
48125	49007	30660
96386	80906	36066
82746	75047	36606

5 Schreibe die Zahlen in dein Heft: A = 12000, B = ______ , C = ______ , …

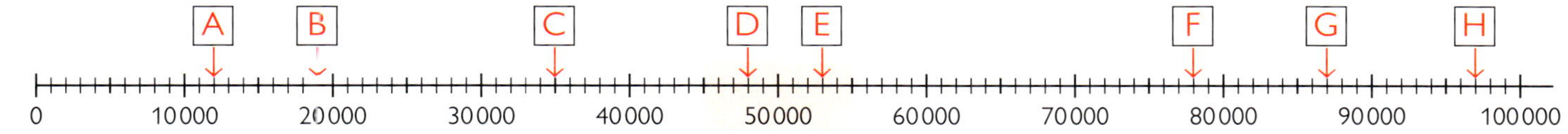

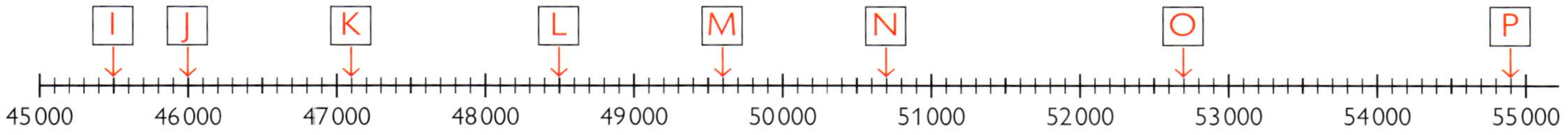

6 Schreibe zu A bis H die Nachbarzehntausender auf.

10000 A 20000
______ B ______
______ C ______

7 Schreibe zu I bis P die Nachbartausender auf.

45000 I 46000
______ J ______
______ K ______

8 Verwende > oder <.

12756 12657
53908 35908
40790 47009
80096 80906

Zahlen bis 100 000

1 Wie heißen die fehlenden Zahlen? Schreibe sie in dein Heft.

18 000 — 19 000 — … — … — … — …

52 000 — 62 000 — … — … — … — …

74 500 — … — 75 500 — … — … — …

… — … — … — 97 100 — … — 97 300

2 Setze die Zahlenfolgen fort. Schreibe immer sechs Zahlen weiter.

a) 47 500, 48 000, 48 500, …, 52 000

b) 25 200, 25 400, 25 600, …, 27 000

c) 32 000, 37 000, 42 000, …, 77 000

d) 59 750, 59 800, 59 850, …, 60 200

e) 90 800, 90 600, 90 400, …, 89 000

f) 45 200, 45 150, 45 100, …, 44 750

g) 76 900, 76 600, 76 300, …, 74 200

h) 64 990, 63 990, 62 990, …, 55 990

3

a) Das Auto muss bei 40 000 km in die Werkstatt.

b) So viele Kopien hat der Kopierer schon gedruckt. Alle 50 000 Kopien muss der Wartungsdienst bestellt werden.

4 Ergänze immer bis zum nächsten Zehntausender.

69300 + 700 = 70000

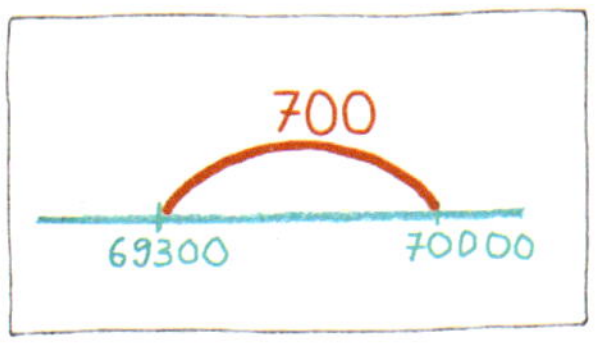

39 400	56 000
19 800	65 100
75 100	28 900
85 300	47 500

5 Ergänze
a) zum nächsten Tausender,
b) zum nächsten Zehntausender.

44 700	19 370
23 400	18 705
75 850	37 420
98 150	69 111

6 **a)**

+	3 000	5 000	300	50
72 100				
45 200				
27 900				

b)

−	3 000	5 000	300	50
27 900				
45 200				
72 100				

1

47902	63812	10080	82396
+ 15078	+ 7904	+ 23750	+ 9854
+ 4756	+ 12754	+ 47848	+ 8719

2 Schreibe untereinander und rechne aus.

a) 13756 + 7654 + 12408 **b)** 23048 + 896 + 7602

c) 7698 + 14390 + 17495 **d)** 5394 + 706 + 68310

e) 30409 + 25384 + 9803 **f)** 60005 + 395 + 5705

g) 9855 + 7632 + 15964 **h)** 8904 + 6063 + 7999

i) 10306 + 7023 + 64104 **j)** 95440 + 4360 + 200

3

27316	50956	74360	100000
− 15625	− 36853	− 6459	− 55555

4 Schreibe untereinander und rechne aus.

a) 78906 − 45396 **b)** 56308 − 45388

c) 70412 − 5976 **d)** 40982 − 5928

e) 100000 − 33334 **f)** 100000 − 50505

g) 45356 − 17843 − 7956 **h)** 75702 − 57207 − 810

i) 87450 − 35677 − 24845 **j)** 96480 − 8950 − 7016

5 **a)** Julian fährt mit dem Fahrrad zur Schule. Er legt dabei jeden Tag 3 km 260 m zurück. Das Schuljahr hat ungefähr 40 Wochen.

b) Tanja hat einen viel längeren Schulweg. Sie kommt jeden Tag mit dem Bus zur Schule. Der Bus fährt bis zur Schule 7,8 km.

6 Der Busunternehmer Rittmeier macht in der Woche viele Busfahrten für Schulkinder. Dabei legen seine Busse täglich 1500 km zurück. Herr Rittmeier hat 15 Busse. Ein Bus fährt ca. 60000 km bis 80000 km im Jahr.

7 Ein Bus der Firma Rittmeier ist in einem Jahr insgesamt 96385 km gefahren. Für Schulfahrten legte dieser Bus insgesamt 45390 km zurück.

8 Herr Huntemann ist Busfahrer bei der Firma Rittmeier. In der Woche fährt er mit dem Bus im Durchschnitt 3000 km.

So viele Menschen

1 Das Theater in Aspendos (Türkei) wurde vor über 1800 Jahren gebaut. Auf 41 Sitzreihen finden 15 000 Menschen Platz.

Amphitheater Aspendos (Türkei)

Straßenfest

2 Zuschauerzahlen bei einigen Heimspielen des FC Schalke 04 in der Saison 1999/2000

a) Übertrage die Tabelle in dein Heft. Runde die Zahlen auf volle Tausender.

	Zuschauer	gerundet
Bielefeld	49985	50 000
Hamburg	42370	42 000
Ulm	26160	
München	60150	
Wolfsburg	29860	
Freiburg	27895	

b) Stelle die Zahlen im Säulendiagramm dar. Zeichne 1 cm für 10 000 Zuschauer.

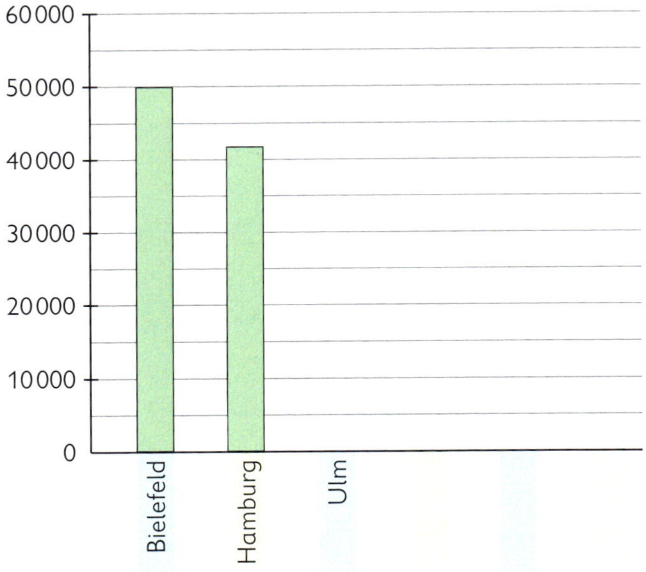

3 So viele Zuschauer hatte der Hamburger SV bei Spielen gegen:
Stuttgart 34 480,
Rostock 49 470,
Bayern München 53 800,
Kaiserslautern 45 370,
Wolfsburg 42 250,
Duisburg 24 780.

Stelle die Zahlen in einem Säulendiagramm dar.

4 Städte an der Weser

Runde die Einwohnerzahlen auf volle Tausender.
Stelle die Zahlen in einem Säulendiagramm dar.

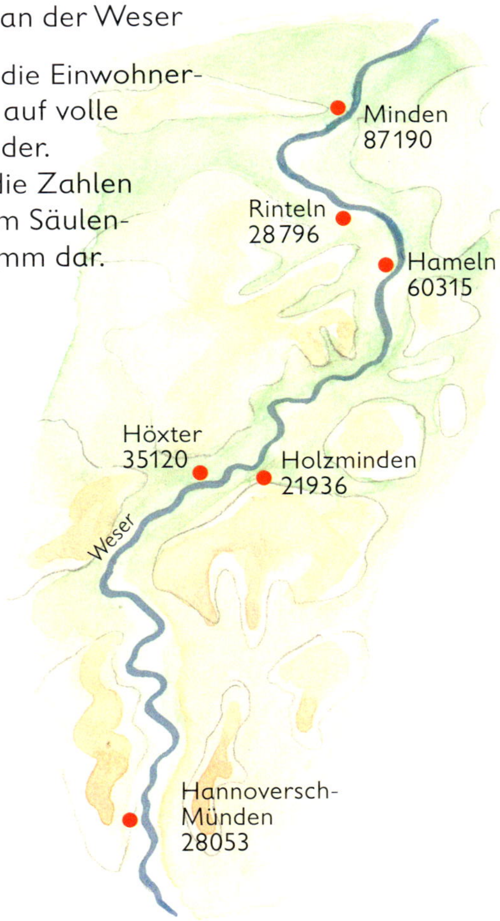

Mathe-Zeitung

❶ Zahl und Spiegelzahl

Nimm eine dreistellige Zahl und addiere die Spiegelzahl. Wiederhole das Gleiche mit der neuen Zahl, bis du auf eine Zahl stößt, die mit ihrer Spiegelzahl übereinstimmt.

165 | 561

Spiegelzahl

```
  165
+ 561
   1
-----
  726
+ 627
   1
-----
 1353
+3531
-----
 4884
```

❷ Fibonacci-Zahlen

Die Zahlen in der Folge

1, 1, 2, 3, 5, 8, 13, 21, …

entstehen, indem man die beiden vorhergehenden Zahlen addiert.
Wie viele Zahlen musst du aufschreiben, bis du über 1000 (10000, 100000) kommst?

❸ Zauberzahl

Nimm die Zahl

142 857.

Multipliziere sie mit 2, 3, …, 6.
Was fällt dir bei den Ergebnissen auf?

❹ Hartnäckige Zahlen

Nimm eine Zahl und multipliziere ihre Ziffern miteinander.
Wiederhole das Gleiche mit der neuen Zahl, bis du bei einer einstelligen Zahl ankommst. Je länger die Rechnung dauert, desto hartnäckiger ist die ursprüngliche Zahl.

```
8923    8·9·2·3
 432 ←  4·3·2
  24 ←  2·4
   8 ←
```

❺ Wie heißt die fehlende Zahl? Wie wird gerechnet?

```
   81    36    39    36    29    21
     ↘     ↘     ↘     ↘     ↘     ↘
63  →  18  →  18  →  21  →  ?  →  14  →  8
```

❻ Gebäudehöhe schätzen

Die Fassadenverkleidung des Gebäudes besteht aus Platten in Form von Parallelogrammen. Sie sind 280 cm lang und 54 cm breit.

❼ Schätzen

Wie viele Stäbchen sind ungefähr in dem Behälter? Schätze mithilfe einer Rechnung.

Eine Million – und mehr

Im März 2000 haben Hunderttausende Menschen in Mosambik und den Nachbarländern durch verheerende Flutkatastrophen alles verloren.
Insgesamt 850 000 Menschen waren auf fremde Hilfe angewiesen und von Seuchen bedroht.
Allein in Mosambik wurden über 300 000 Menschen obdachlos.
UNICEF half sofort mit 40 Tonnen Medikamenten und 500 000 Päckchen Salz zur Behandlung von Durchfallerkrankungen.

In einer Stunde werden ungefähr 20 000 Flaschen abgefüllt.

Schülerzahlen 2003

Grundschule:	3 144 300
Hauptschule:	1 111 000
Gymnasium:	2 296 700
Gesamt:	9 780 300

Einwohnerzahlen 2002

Berlin	3 389 450
München	1 234 292
Hamburg	1 728 806
Köln	968 639
Frankfurt	643 726
Stuttgart	588 477

1

M	HT	ZT	T	H	Z	E
9	9	9	8	9	0	0

Trage alle Zahlen in eine Stellenwerttafel ein. Beginne mit der größten Zahl.

2 Suche ähnliche Beispiele mit großen Zahlen bis zu einer Million (aus Zeitung, Fernsehen, Lexikon, Internet …).

3 Überlege zu den Informationen Fragen, Rechenaufgaben, …

4

M	HT	ZT	T	H	Z	E
2	1	4	3	7	6	5

Vertausche die Ziffern in der Stellentafel.

a) Schreibe fünf neue Zahlen auf.

b) Wie heißt die größte (kleinste) Zahl, die man bilden kann?

5 Immer eine Million.

a)
200 000 + ____ = 1 000 000
400 000 + ____ = 1 000 000
650 000 + ____ = 1 000 000
150 000 + ____ = 1 000 000

b)
780 000 + ____ = 1 000 000
340 000 + ____ = 1 000 000
270 000 + ____ = 1 000 000
910 000 + ____ = 1 000 000

c)
2 · ____ = 1 000 000
5 · ____ = 1 000 000
10 · ____ = 1 000 000
100 · ____ = 1 000 000

d)
500 · ____ = 1 000 000
1 000 · ____ = 1 000 000
2 000 · ____ = 1 000 000
5 000 · ____ = 1 000 000

6 Stelle dir eine Million Cent-Stücke (ca. 1 mm dick) gestapelt vor. Wie hoch ist der Stapel?

7 Passen 1 Million Reiskörner in einen 10 l-Eimer?

8 Immer das Doppelte. Beginne mit 2. Wann erreichst du 1000, wann 1 Million?

1

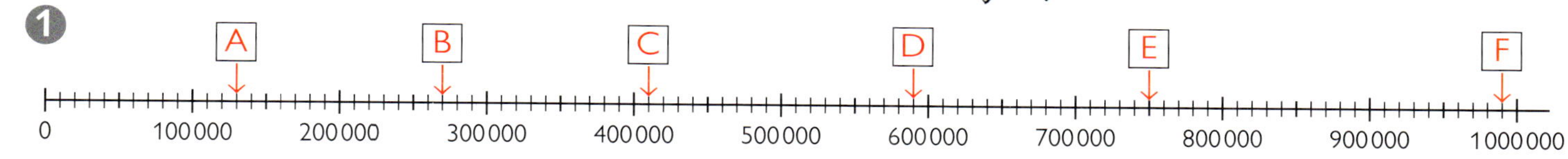

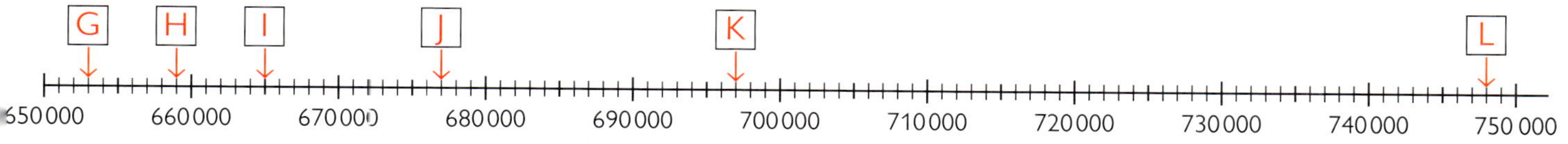

Wie heißen die Zahlen? Schreibe sie auf: A = 130 000, B = ______, C = ______, …

2 **a)** Rechne bei A bis F immer bis zu den benachbarten Hunderttausendern.

130 000 – 30 000 = 100 000
130 000 + 70 000 = 200 000

b) Rechne bei G bis L immer bis zu den benachbarten Zehntausendern.

653 000 – 3 000 = 650 000
653 000 + 7 000 = 660 000

3

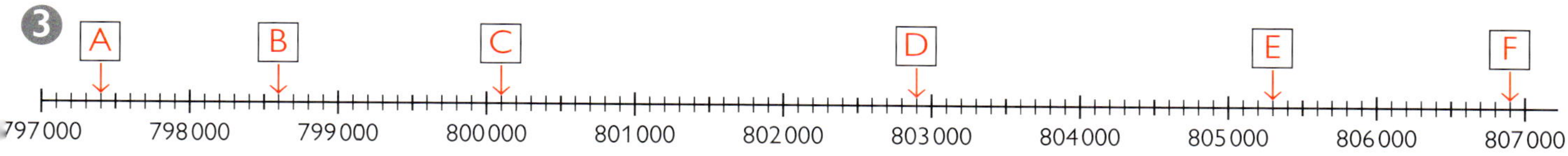

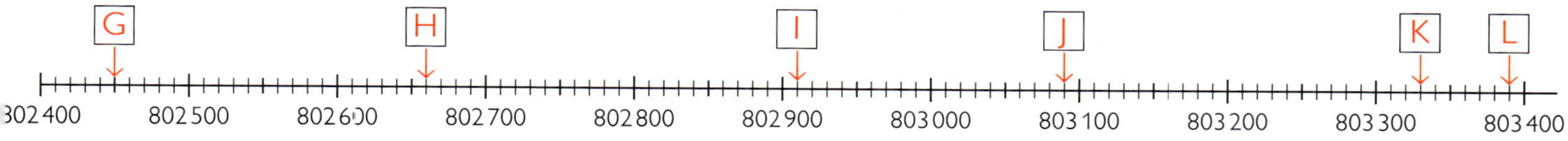

Wie heißen die Zahlen? Schreibe sie auf.

4 **a)** Rechne bei A bis F immer bis zu den benachbarten Tausendern.

797 400 – 400 = 797 000
797 400 + 600 = ______

b) Rechne bei G bis L immer bis zu den benachbarten Hundertern.

802 450 – 50 = 802 400
802 450 + 50 = 802 500

5

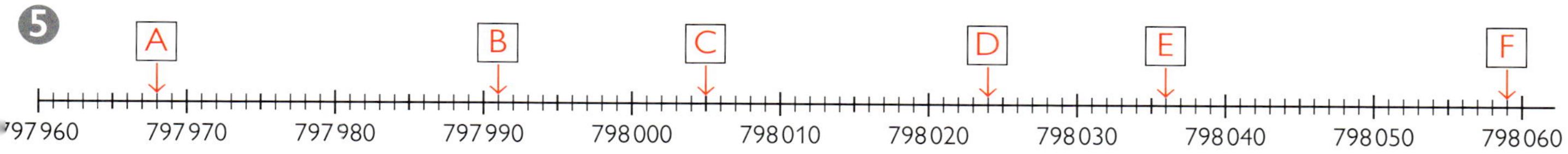

Wie heißen die markierten Zahlen?

6 503 583 ist eine HIPHOP-Zahl.

a) Schreibe 5 Beispiele für HIPHOP-Zahlen auf.

b) Ist jede HIPHOP-Zahl auch eine HOPHIP-Zahl?

c) Gib ein Beispiel für zwei HIPHOP-Zahlen, deren Summe (Differenz) eine HIPHOP-Zahl ist.

Rechnen mit großen Zahlen

1 Zahlen verändern

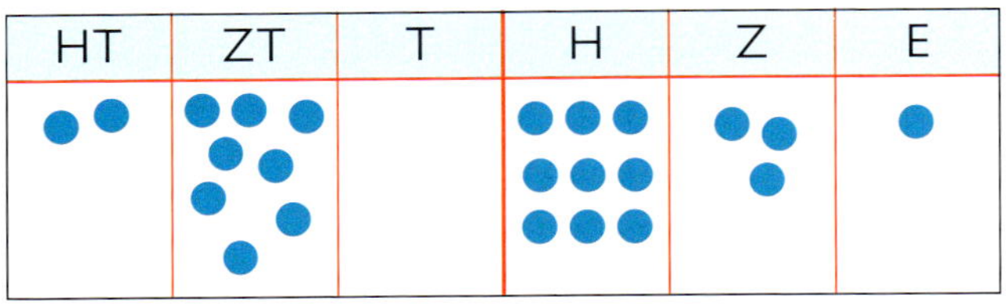

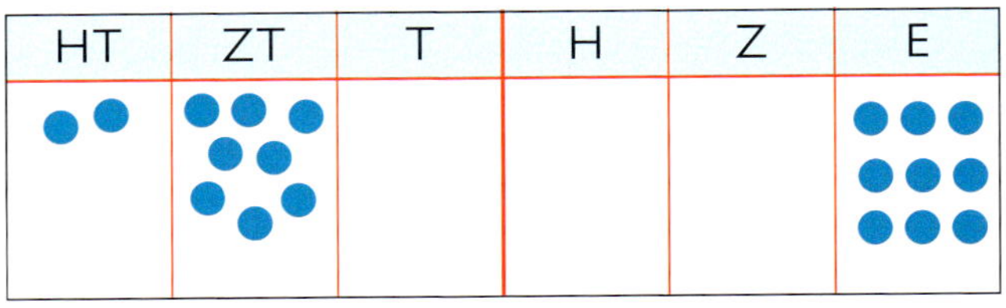

a) Lege in den Stellentafeln 3 Plättchen in einer Spalte hinzu. Notiere Rechenaufgaben:

280 931 + 3 = ____
208 931 + 30 = ____
280 931 + ___ = ____

b) Verteile die 3 Plättchen auf verschiedene Stellen.
Schreibe die drei größten (kleinsten) Zahlen auf.

2

a)
490 000 + 6
490 000 + 60
490 000 + 600
____ + ____
____ + ____

b)
620 000 − 4
620 000 − 40
620 000 − 400
620 000 − 4 000
620 000 − 40 000

c)
740 000 + 700
704 000 + 700
700 400 + 700
700 040 + 700
700 004 + 700

d)
250 000 − 5 000
205 000 − 5 000
200 500 − 5 000
200 050 − 5 000
200 005 − 5 000

3

245 + 208
245 000 + 208 000

675 + 230
675 000 + 230 000

496 − 105
496 000 − 105 000

835 − 350
835 000 − 350 000

4

a)
245 000 + 208
____ + 2 080
____ + ____

b)
706 000 − 405
____ − 4 050
____ − ____

c)
500 005 + 109 005
500 050 + 109 050
500 500 + 109 500

d)
509 005 − 109 005
509 050 − 109 050
509 500 − 109 500

5 Zahlenrätsel

Momo: Welche Zahl liegt genau zwischen 600 000 und 700 000?

Ali: Welche Zahlen zwischen 600 000 und 700 000 haben gleiche Ziffern?

Mathilde: Der vierte Teil von einer Million ist genauso groß wie die Hälfte von …

Lisa: Wie groß ist der Unterschied zwischen der kleinsten siebenstelligen und der kleinsten sechsstelligen Zahl?

Mario: Wie groß ist die Differenz zwischen der kleinsten sechsstelligen und der kleinsten fünfstelligen Zahl?

Fabian: Wie groß ist der Unterschied zwischen der kleinsten siebenstelligen und der größten sechsstelligen Zahl?

Rechenkonferenz: Multiplizieren

1

2

a)	b)	c)	d)
3 · 3000 = __	5 · 7000 = __	6 · 8000 = __	9 · 9000 = __
30 · 300 = __	50 · 700 = __	600 · 80 = __	90 · ___ = __
300 · 30 = __	500 · 70 = __	6000 · 8 = __	___ · 90 = __
3000 · 3 = __	5000 · 7 = __	60 · 800 = __	____ · _ = __

3

a) 323 · 30
516 · 40

b) 299 · 60
222 · 80

c) 381 · 50
209 · 70

d) 530 · 60
400 · 40

4

4	2	3	·	3	0	0
HT	ZT	T	H	Z	E	
	1	2	6	9	0	0

a) 237 · 400
158 · 500

b) 326 · 300
290 · 300

c) 87 · 600
309 · 300

Schriftlich multiplizieren

1 Du kannst schon viele verschiedene Malaufgaben lösen. Schreibe einige auf.
Weißt du, wie man folgende Aufgabe lösen kann?

242 · 34

Lena macht drei Aufgaben daraus:

2	4	2	·	3	0
		T	H	Z	E
		7	2	6	0

2	4	2	·	4
		H	Z	E
		9	6	8

T	H	Z	E
7	2	6	0
	9	6	8
₁	₁		
8	2	2	8

Momo schreibt so:

2	4	2	·	3	4
		T	H	Z	E
		7	2	6	0
			9	6	8
		₁	₁		
		8	2	2	8

Peter schreibt so:

2	4	2	·	3	4
		T	H	Z	E
		7	2	6	
			9	6	8
		₁	₁		
		8	2	2	8

sprich		schreibe	merke
3 · 2 = 6		6	
3 · 4 = 12		2	1
3 · 2 = 6	6 + 1 = 7	7	
4 · 2 = 8		8	
4 · 4 = 16		6	1
4 · 2 = 8	8 + 1 = 9	9	

Rechne wie Lena, Momo oder Peter: 342 · 34 232 · 43 186 · 28

2 Rechne erst einen Überschlag.

473 · 61 = ___
Ü: 500 · 60 = 30000

4	7	3	· 6	1
	2	8	3	8
		4	7	3
		₁		
	2	8	8	5	3

a) 241 · 23
134 · 23
215 · 28

b) 391 · 23
444 · 44
926 · 51

c) 762 · 43
613 · 26
689 · 30

d) 293 · 12
628 · 34
418 · 42

e) 565 · 34
676 · 45
787 · 56

f) 123 · 98
234 · 87
345 · 76

3516, 47226, 17556, 12054, 6020, 21352, 32766, 44072, 20670, 3082, 5543, 30420, 19210, 8993, 19536, 15938, 20358, 26220

3 Die Tauschaufgabe zur Probe rechnen.

4	2	6	·	3	6
ZT	T	H	Z	E	
1	2	7	8		
	2	5	5	6	
	₁	₁			
1	5	3	3	6	

3	6	·	4	2	6
ZT	T	H	Z	E	
1	4	4			
		7	2		
		2	1	6	
	₁				
1	5	3	3	6	

a) 151 · 66
66 · 151

b) 245 · 40
40 · 245

c) 111 · 11
11 · 111

d) 555 · 91
91 · 555

e) 123 · 66
66 · 123

f) 234 · 33
33 · 234

1221, 7722, 9966, 9800, 50505, 8118

4 In den Ferien ist ein Hotel komplett ausgebucht. 87 Gäste haben Halbpension für 50 Euro und 63 Gäste Vollpension für 60 Euro am Tag. Was nimmt der Wirt in einer Woche ein?

6 Mit dreistelligen Zahlen multiplizieren. Überschlage immer.

Du kannst so wie Lena in Aufgabe 1 rechnen. Es geht aber auch viel kürzer:

4	7	3	·	3	2	4
	1	4	1	9		
			9	4	6	
			1	8	9	2
		1	2	1		
	1	5	3	2	5	2

a) 124 · 241
205 · 321
350 · 653
823 · 931

b) 673 · 918
705 · 881
930 · 215
999 · 999

617814, 621105, 29884, 65805, 228550, 766213, 199950, 998001

7 Achtung bei Nuller!

2	5	0	·	4	0	5
	1	0	0	0		
			0	0	0	
			1	2	5	0
	1	0	1	2	5	0

Beachte auch die Tauschaufgaben.

a) 905 · 213
810 · 307
93 · 4008
2010 · 57

b) 5002 · 90
60 · 3420
72 · 5035
4040 · 43

c) 101 · 990
1010 · 99
202 · 880
2020 · 88

8 Vier Aufgaben sind falsch. Ein Überschlag erspart Arbeit.

a) 372 · 291 = 160802
41 · 3010 = 123410

b) 5260 · 55 = 289300
211 · 482 = 150702

c) 83 · 77 = 9921
68 · 813 = 6327

9 Auf einer Löwenzahnwiese stehen auf einem Quadratmeter etwa 75 Löwenzahnblüten. Eine Blüte hat etwa 150 bis 180 Samen.

10 Eine Milchkuh kann am Tag bis zu 36 l Milch liefern. Wie viele Liter könnten es in einem Jahr sein?

11 Zwei Regeln musst du beachten!

Regel 1: Punktrechnung kommt vor Strichrechnung.

aber:

Regel 2: Klammern zuerst ausrechnen.

(22 + 34) · 3 = 56 · 3 = 168

a) (3 + 8) · 6
3 + 8 · 6

b) (29 – 4) · 6
29 – 4 · 6

c) 7 · (12 + 9)
7 · 12 + 9

d) 8 · (15 – 2)
8 · 15 – 2

e) (205 + 66) · 47
205 + 66 · 47

f) (912 – 3) · 271
912 – 3 · 271

g) 606 · (125 – 51)
606 · 125 – 51

h) 450 · (185 + 23)
450 · 185 + 23

12 **a)** Multipliziere 290 mit der Differenz von 817 und 392.

b) Multipliziere die Summe von 43 und 348 mit 308.

c) Multipliziere 308 mit der Summe von 43 und 348.

d) Subtrahiere 217 von der Summe aus 388 und 209. Multipliziere dann mit 802.

Üben

1

·	8	16	32	64
12				
24				
36				
48				

2

·	25	50	75	100
22				
44				
66				
88				

3

·	12	36	60	84
33				
34				
35				
36				

4 a) 234 · 19
234 · 109
234 · 190

b) 650 · 32
650 · 302
650 · 320

c) 708 · 48
708 · 408
708 · 480

d) 780 · 48
780 · 408
780 · 480

5 a) 430 · 184
581 · 705
805 · 243

b) 711 · 581
420 · 607
336 · 729

6

Einkaufszettel
3,95 € · 5
2,85 € · 4
2,48 € · 3
7,98 € · 6

7

ARBEITSPLATTE je m
weiß 29,50 €
buchefarben 32,25 €
bunt 35,50 €

Für ihre neue Küche braucht Familie Bunk eine Arbeitsplatte von 6 m Länge.

8 Ein Kellerraum (2,20 m x 4,10 m) wird mit Fliesen ausgelegt.
Wie viele Fliesen mit 20 cm x 20 cm Größe benötigt man?
Der Fliesenleger berechnet für 1 m^2 einen Arbeitslohn von 35 Euro.

Der Taschenrechner

Löse mit dem Taschenrechner.

1
23657 + 78756
5988829 : 77
789789 – 666333
3 · 41152

2
25252,2 · 22
123987 + 876012
4048560 : 8
97531 – 86430

3
987654 – 35827
44 · 20202
65439,75 + 34560,25
3055525 : 55,00

4
426384 : 987
210345 + 456321
30303 · 15
679011 – 123456

5
1 + 2 + 3 + 4 + 5 + 6 + 7 + 8 + 9 + 0
1 · 2 · 3 · 4 · 5 · 6 · 7 · 8 · 9 · 0
360360 : 15 : 14 : 13 : 12 : 11
133331 – 19999 – 28888 – 37777 – 46666

6 Wer ist schneller?
2 · 4
728 : 8
9491 · 27
110 – 70
11821 + 9736

7 Überlege vorher, welche Zahl passt.

600 · _____ = 180000
_____ + 130000 = 800000
81900 : _____ = 9100
_____ – 111111 = 888889

8 Märchenrätsel

Den Schnee verdanken wir Frau [3] [1] [4] [2] [X] [1] [2].

Rapunzel benutzte ihre Zöpfe als [9] [9] [8] [9] [0] [÷] [1] [4].

9 Du kennst noch das 20er-Feld. Stelle dir vor, du legst auf das 1. Feld einen Cent, auf das 2. Feld zwei Cent, auf das 3. Feld vier Cent und auf jedes weitere Feld immer doppelt so viele Cent wie auf dem Feld davor.

Wie viele Cent wirst du auf das letzte Feld legen?
Schätze vorher.

1	2	3	4	5	6	7	8	9	10
11	12	13	14	15	16	17	18	19	20

Glück gehabt?

1 Lena, Heike und Friederike sind beim Dreikönigssingen von Haus zu Haus gegangen und haben 9 verschiedene Süßigkeiten bekommen. Wie könnten sie die Süßigkeiten untereinander verteilen?

a) Sammle Ideen.

b) Bei einer Süßigkeit können sie sich nicht einigen, wer sie bekommen soll.
Lena schlägt ein Verlosungsspiel vor: „Wir werfen zwei Münzen gleichzeitig.
Friederike gewinnt, wenn Wappen–Wappen kommt,
Heike gewinnt bei Wappen–Zahl und Lena gewinnt bei Zahl–Zahl."
Alle sind einverstanden. Lena gewinnt.
Nach der Verlosung überlegt Heike: „Ist das Spiel fair?"
Lena meint: „Da habe ich sicher Glück gehabt."
Friederike überlegt: „Das können wir nachprüfen. Jeder wirft 10-mal."

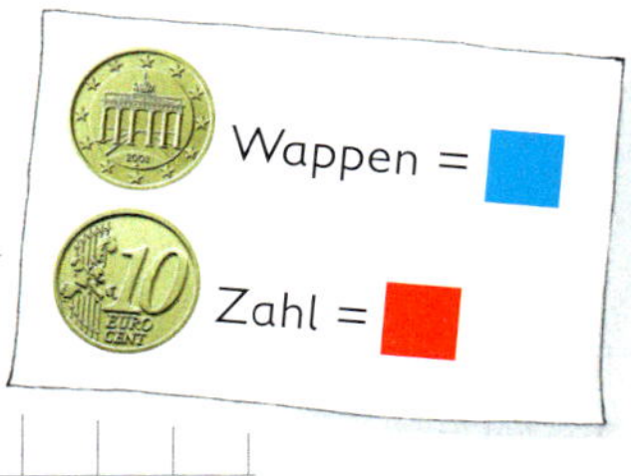

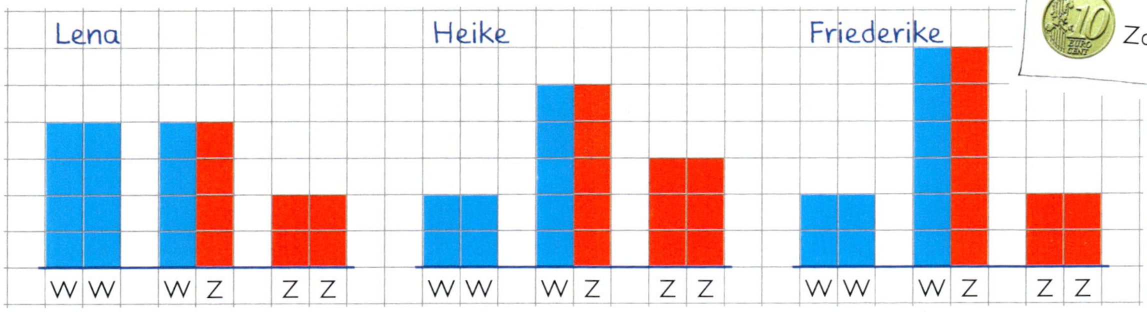

c) Was kam am häufigsten, was am wenigsten?
Wird beim nächsten Mal Wappen–Zahl kommen? Wieso hat Lena gewonnen?
Könnte man anstelle Wappen–Zahl auch Zahl–Wappen schreiben?

2 In der Schule erzählen die Mädchen von ihrer Verlosung.
Alexander sagt: „Wenn wir sehr viele Würfe machen, sehen wir, ob das Spiel fair ist."

a) In der Klasse sind 24 Kinder, 2 Kinder bilden eine Gruppe. Jede Gruppe hat 25 Würfe.

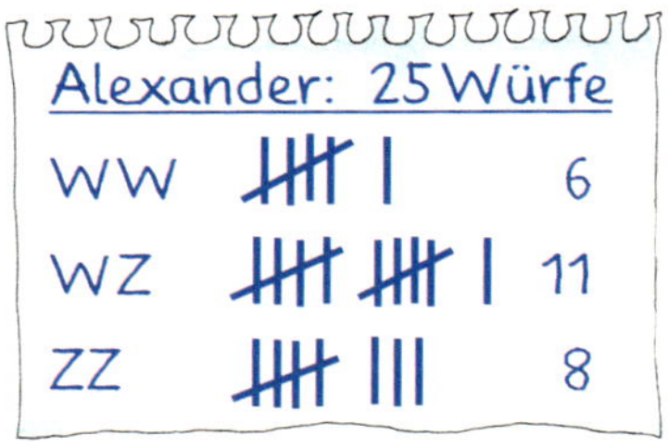

	Gruppe											
25 Würfe	1	2	3	4	5	6	7	8	9	10	11	12
WW	6	5	10	3	6	8	5	2	5	8	11	6
WZ	12	12	13	12	15	9	16	16	7	12	10	11
ZZ	7	8	2	10	4	8	4	7	13	5	4	8

b) Mit welcher Kombination hat man die besten Chancen?
Aber gelegentlich gewinnt auch bei 25 Würfen
Wappen–Wappen und Zahl–Zahl.

3 Warum sind die Chancen für
Wappen–Zahl am höchsten?
Lege die beiden 10-Cent-Münzen.
4 Möglichkeiten sind denkbar.

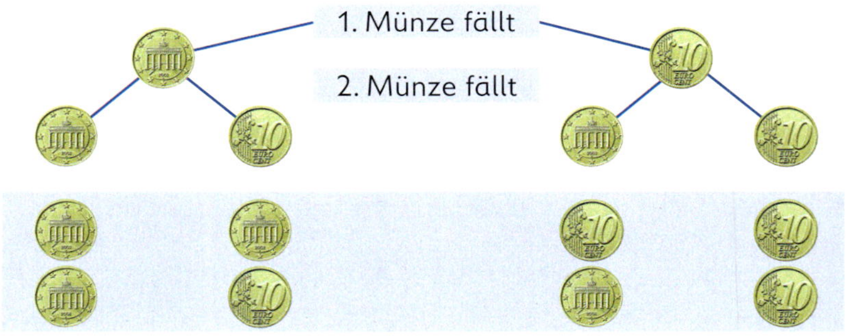

Recycling kostet Geld

Der grüne Punkt zeigt, dass diese Verpackung wiederverwendet werden kann.

1 **a)** So teuer ist der grüne Punkt:

	1 g	10 g	100 g
Glas	0,01 ct	0,10 ct	1 ct
Papier, Pappe, Kartons	0,02 ct	0,20 ct	2 ct
Weißblech (Konserven)	0,03 ct	0,30 ct	3 ct
Aluminium	0,09 ct	0,90 ct	9 ct
Getränkekartons	0,10 ct	1,00 ct	10 ct
Kunststoff	0,17 ct	1,70 ct	17 ct

b) Rechne aus, wie teuer der grüne Punkt bei den einzelnen Verpackungen ist.

Packung
26 g

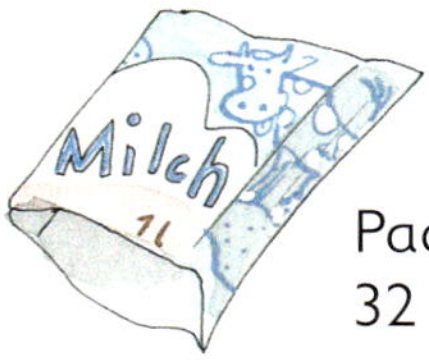

Packung
32 g

Marmeladenglas
Glas 188 g
Deckel 14 g

Konservendose
64 g

Becher 7 g
Aludeckel 0,5 g

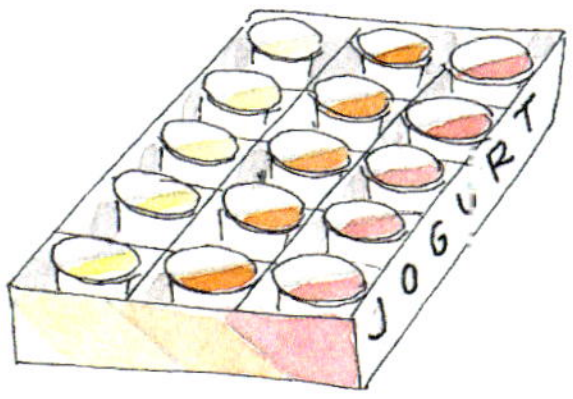

Dose
53 g

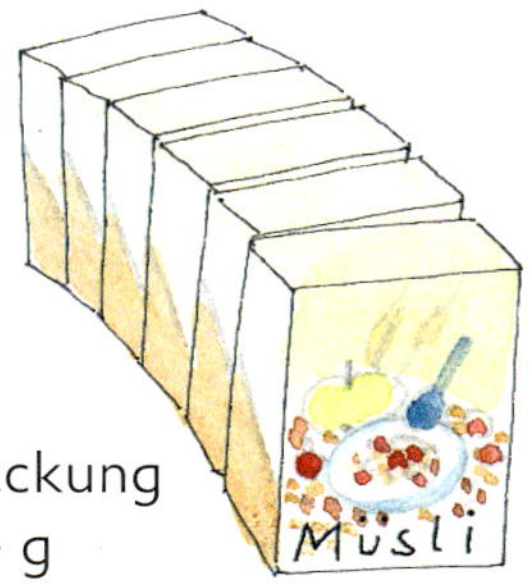

Packung
94 g

c) In der Stadt Diepholz wird das „Diepholzer Kreisblatt“ von Montag bis Samstag ausgeliefert. Jeden Tag sind es ungefähr 12 000 Exemplare mit einem Gewicht zwischen 180g und 220 g. Wie teuer ist der grüne Punkt in einer Woche ungefähr?

2 Welche Beträge kannst du bei einem Einkauf deiner Familie ermitteln?

3 Schätze die Menge an Jogurtbechern, Milchkartons und Konservendosen deiner Familie in einem Monat, in einem Jahr. Wie gehst du vor? Wie viel müsst ihr für den grünen Punkt bezahlen?

Lernstand Multiplikation

1 Welche Aufgaben rechnest du im Kopf, welche schriftlich?
Schreibe auf. Rechne danach aus.

80 · 6	31 · 50	431 · 2
3 · 15	5 · 20	3 · 233
111 · 5	125 · 4	8 · 130

2 Kleiner (<), größer (>) oder gleich (=)? Manche Aufgaben kannst du im Kopf lösen.

a)	b)	c)
1000 · 6 ○ 60000	10 · 100 ○ 10000	101 · 8 ○ 880
60 · 20 ○ 1000	500 · 90 ○ 40000	110 · 8 ○ 188
2000 ○ 16 · 125	1000 · 50 ○ 25 · 2000	111 · 8 ○ 4 · 220

3 Überschlage. Wo möchtest du genauer rechnen?

a)	b)	c)
698 · 9	161 · 52	1308 · 805
507 · 12	203 · 720	828 · 1009
258 · 8	2031 · 71	505 · 495

4 Welche Aufgabe gehört wohin?

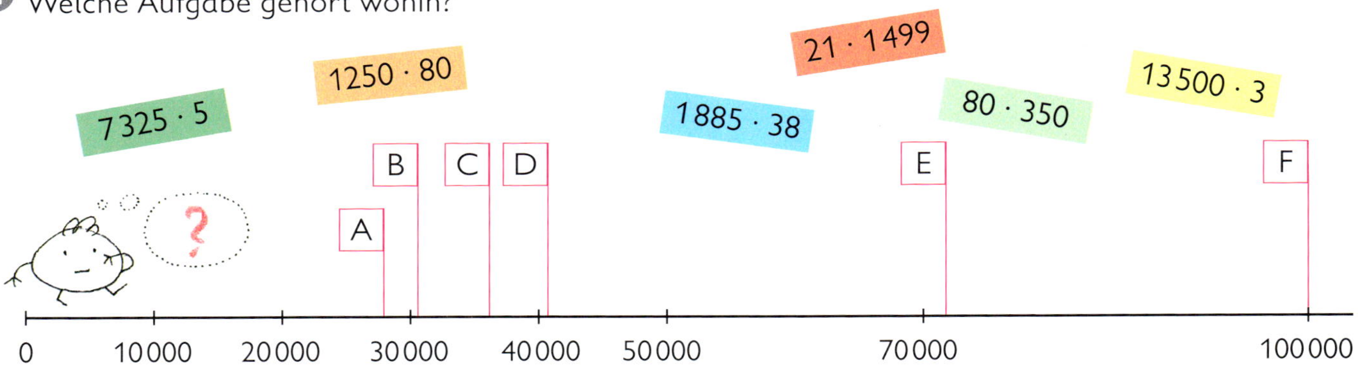

5 8000 · 30000

a) Wie oft kommt die Ziffer 0 im Ergebnis vor?

b) Wie rechnest du die Aufgabe?

6

einhunderteins mal zwanzig

dreihundertfünf mal zwanzig

achthunderteins mal siebzig

vierhundert-neunundneunzig mal fünfhundert

eintausendzehn mal zehn

7 Finde 4 verschiedene Malaufgaben mit dem Ergebnis 60000.

8 Rechne schriftlich: 1308 · 24
8070 · 109

Aufgaben finden

9 Wie heißen die fehlenden Ziffern?

a)
```
 725 · 26
 1 _ 50
  435 _
 18 _ 50
```

b)
```
 578 · 46 _
 2312
  _ 468
   _ 578
 26 _ 458
```

10 Wie viele Stellen hat das Ergebnis?
Mache einen Überschlag.

a) $24 \cdot 68 \cdot 21$ b) $56 \cdot 31 \cdot 85$

c) Gib eine Zahl an, mit der $29 \cdot 17$ multipliziert werden muss, damit das Ergebnis 5 Stellen hat.

11 Welche Antworten sind richtig?

584 · 212
Die Ergebniszahl
a) ist größer als 100 000,
b) ist kleiner als 500 000,
c) liegt zwischen 200 000 und 500 000.

187 · 390
Die Ergebniszahl
a) ist größer als 800 000,
b) ist kleiner als 300 000,
c) trägt in der Einerstelle eine 0.

520 · 250
Die Ergebniszahl
a) ist größer als 1 000 000,
b) ist gerade,
c) hat in allen Stellen gleiche Ziffern.

12 Vier Zahlen – vier Aufgaben

47 93 54 28

a) Nimm immer 3 Zahlen und bilde ihr Produkt.
b) Was ist das größte Ergebnis, was das kleinste?

13

a) 43,18 · 368
b) 431,8 · 3,68
c) 4,318 · 3680

14

2 · 1200 = 2400

Schreibe mit den Anzahlen auf der Packung ähnliche, richtige Sätze.

15 Finde die Regel für die Aufgaben.
Setze die Reihe fort. Was fällt dir auf?

9 · 12 + 3
9 · 123 + 4
9 · 1234 + 5
______
______
______

Senkrecht und parallel

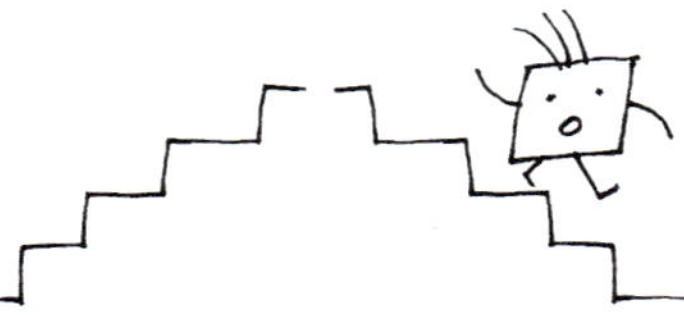

❶ Falten

Falte ein Blatt Papier.
Dabei entsteht
die Faltgerade e.
Falte nocheinmal:
die Teile von e müssen
genau aufeinander liegen.

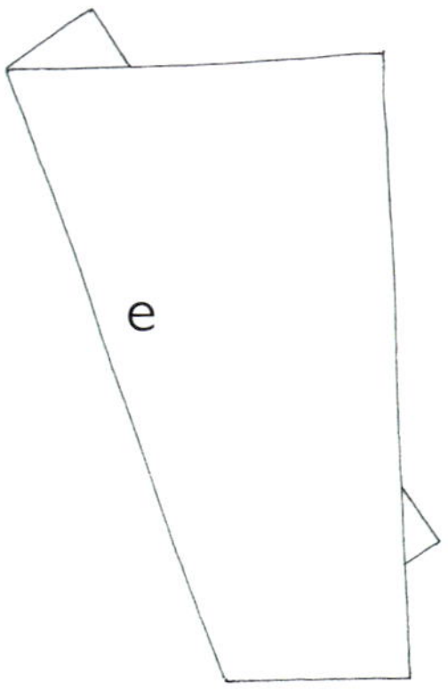

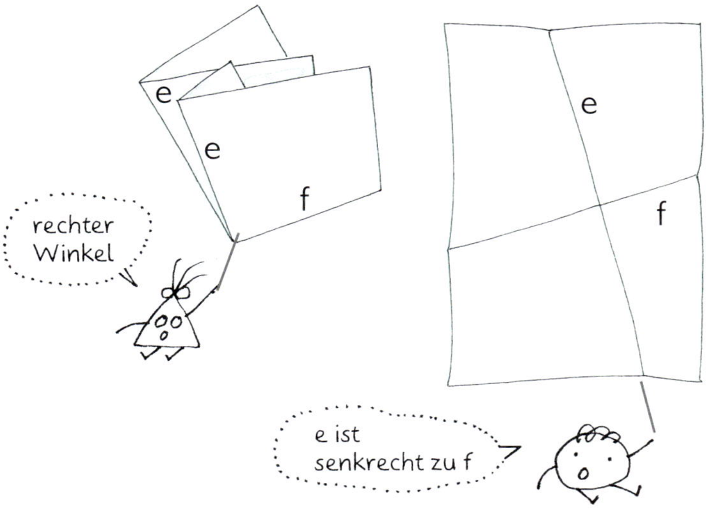

Falte das Blatt mehrmals so,
dass die Teile von e
aufeinanderliegen.

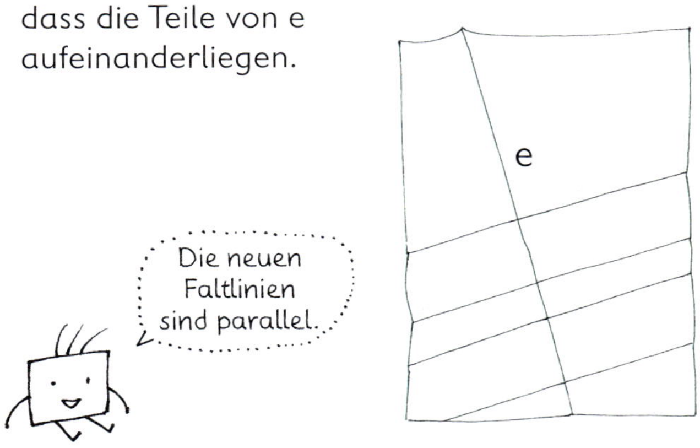

❷ Zeichnen

a) Zeichne eine Gerade e mit Hilfe eines Geodreiecks.

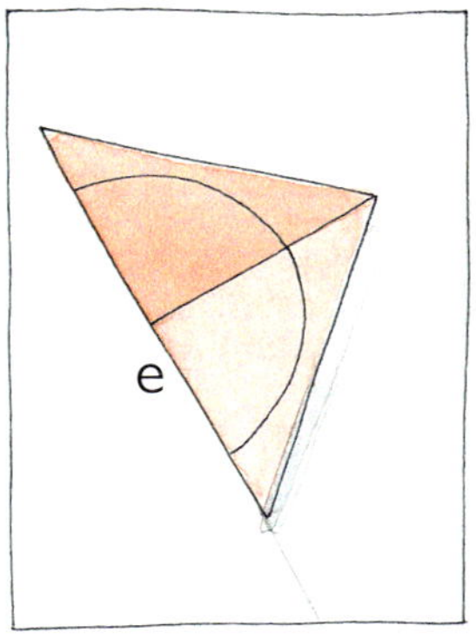

Verschiebe das Geodreieck entlang e.
Zeichne andere Geraden.

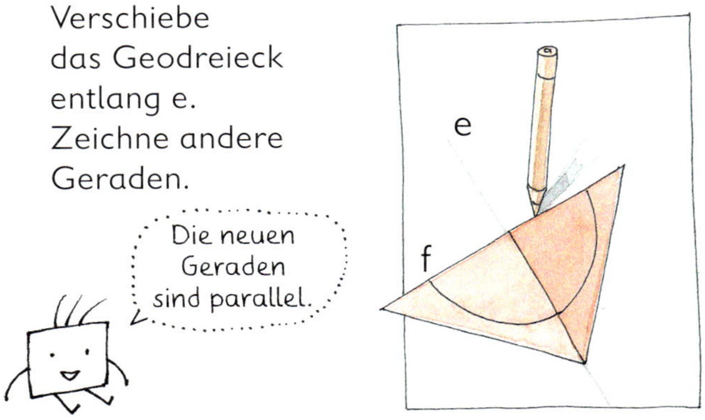

b) Sind e und f senkrecht zueinander?
Überprüfe deine Zeichnung mit dem rechten Winkel aus Aufgabe 1.

c) Male ein Bild mit rechten Winkeln.

❸ Finden

a) Welche Linien sind im Bild senkrecht zueinander oder parallel zueinander?

b) Wo sind in deiner Umgebung Linien zu finden die senkrecht oder parallel zueinander sind?

Zeichnen, messen und rechnen

1

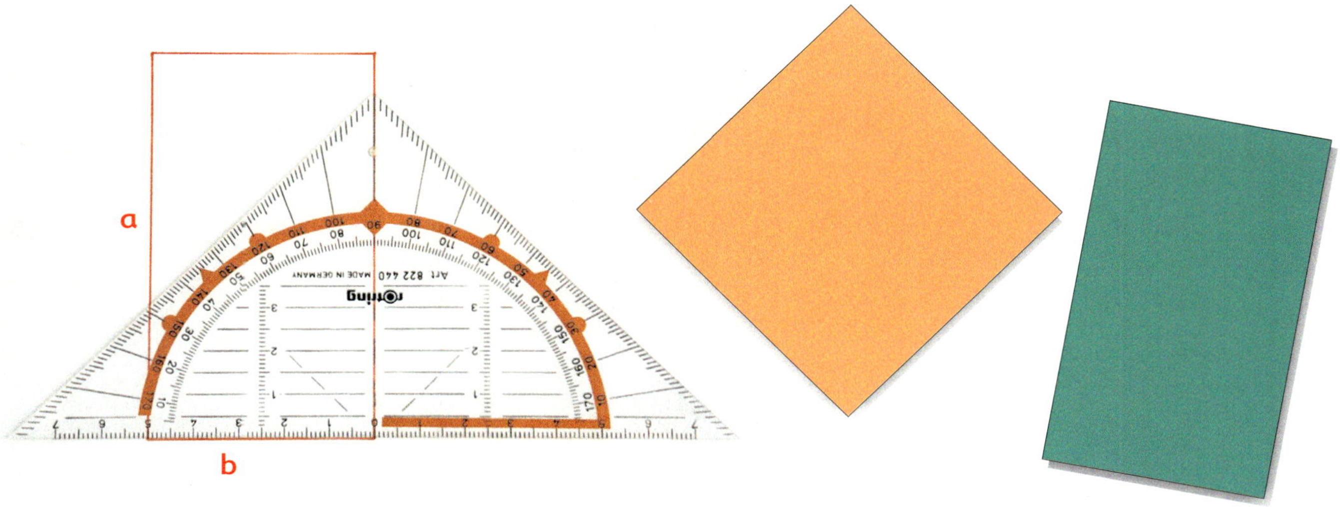

Mit einem Geodreieck kannst du prüfen, ob zwei Seiten a und b einer Figur senkrecht zueinander sind und du kannst messen, wie lang die Seiten sind.

Überzeuge dich, dass die gezeichneten Vierecke ein Quadrat und ein Rechteck sind. Wie lang sind die Seiten?

2 Zeichne mit einem Geodreieck ein Rechteck mit a = 3 cm und b = 4 cm Seitenlänge. Wie lang ist die längste Strecke, die in diesem Rechteck Platz hat?

3 Versteckte Vierecke

Zeichne in dein Heft.

a) Das rote Viereck ist ein Quadrat. Die Seite ist halb so lang wie die kürzere Seite des gelben Rechtecks.

b) Die Seiten des grünen Rechtecks sind 18 mm kürzer als die Seiten des gelben Rechtecks.

c) Das blaue Viereck ist ein Rechteck. Die längere Seite ist 15 mm länger als die kürzere Seite.

d) Male oder bastle ein eigenes Viereckrätsel.

4

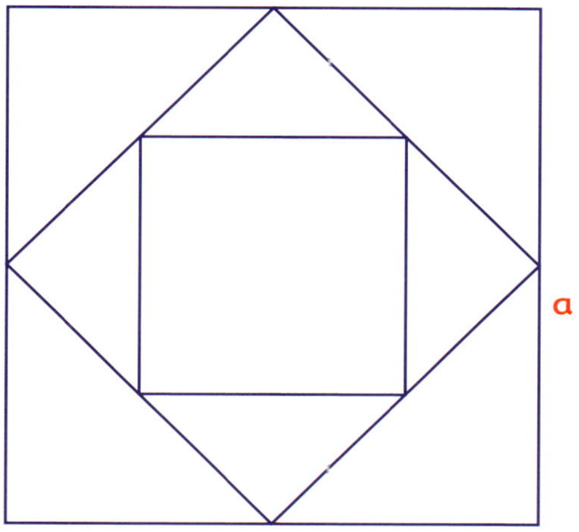

a) Übertrage die Figur in dein Heft. Beginne mit einem Quadrat, dessen Seitenlänge doppelt solang ist, wie in der abgebildeten Figur.

Male die zur Seite a parallelen Seiten in rot, die zu a senkrechten Seiten in blau an.

b) Wie lang sind die Seiten in deiner Figur?

Vergrößern – verkleinern

1 a) Tim hat auf Karopapier zwei Rechtecke gezeichnet. Dabei hat er das große Rechteck nach einer bestimmten Regel aus dem kleinen Rechteck gebildet.

b) Zeichne ein Rechteck in dein Heft, das du nach der gleichen Regel gebildet hast.

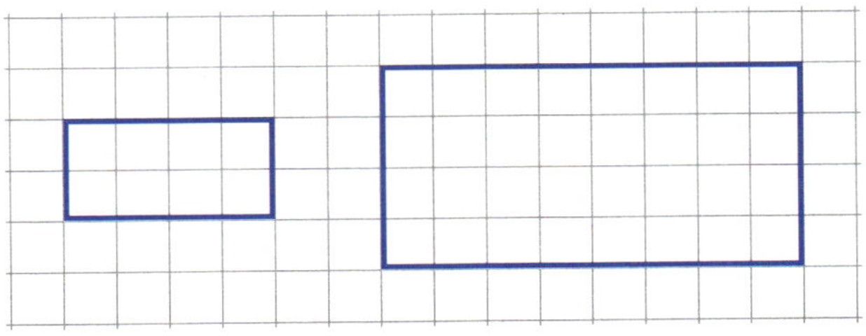

2 a) Vergrößere die Figuren auf Karopapier im Maßstab 1 : 4.
Das bedeutet: anstelle von 1 Kästchenlänge jetzt 4 Kästchenlängen zu zeichnen.

b) Verkleinere deine Figuren im Maßstab 2 : 1.

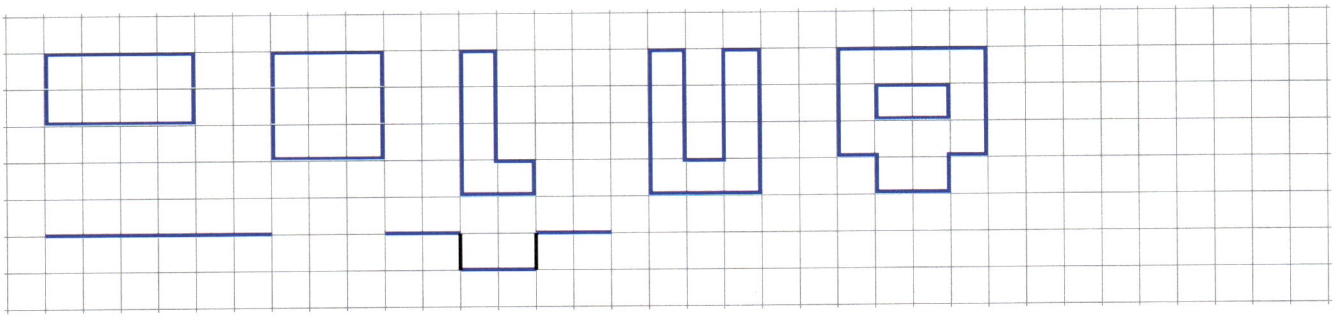

3 Der englische Künstler Julian Opie hat 1992 diese drei Gruppen aus Holz geschaffen.
Die kleine Gruppe hat eine Abmessung von 55 cm x 48 cm x 14 cm,
die mittlere Gruppe eine Abmessung von 161 cm x 144 cm x 40 cm
und die größte Gruppe eine Abmessung von 500 cm x 430 cm x 122 cm.

a) Wie viel Mal so groß sind die Häuser jeweils ungefähr gemacht worden?

b) Nimm Steckwürfel. Wie viele Steckwürfel brauchst du, um einen Würfel zu bauen, der doppelt so lange (dreimal so lange) Kanten hat?

Wochenende

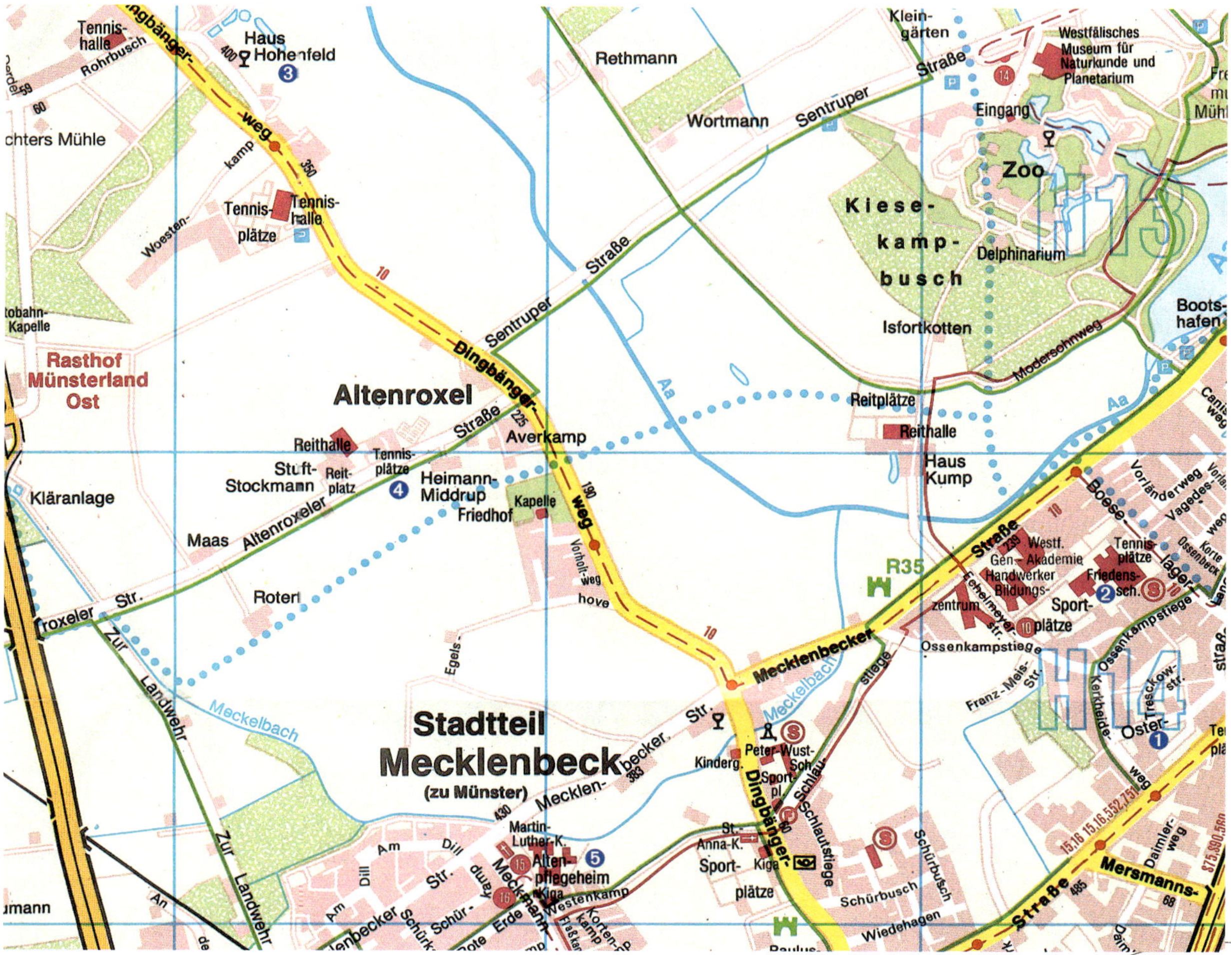

Maßstab 1 : 20 000 (1 cm auf der Karte entspricht 200 m in der Natur)

1. Hier wohnt die Familie Weiß.
2. In diese Schule geht Mathilde. Wie lang ist ihr Schulweg?
3. Hier arbeitet Herr Weiß.
4. Hier spielen Herr und Frau Weiß jede Woche Tennis.
5. Hier wohnt Oma Weiß. Die Kinder besuchen sie jede Woche.

1 **a)** Mache Vorschläge für die Ausflüge von Tim und seiner Mutter.

b) Wie weit sind die Ausflugsziele von der Wohnung der Familie Weiß entfernt?

2 Beim Wandern legt man etwa 5 Kilometer in der Stunde zurück. Wie lange benötigt Familie Weiß für ihre Ausflüge und Wege?

3 Welche Ausflugsziele findest du in einer Karte deines Wohnortes? Ermittle die Entfernungen und den Zeitaufwand.

Umfang von Figuren

1 Mit Streichhölzern kann man Figuren legen.
Jedes Kind darf mit 24 Streichhölzern den Umriss einer Figur legen.
Hier sind die Ergebnisse:

A

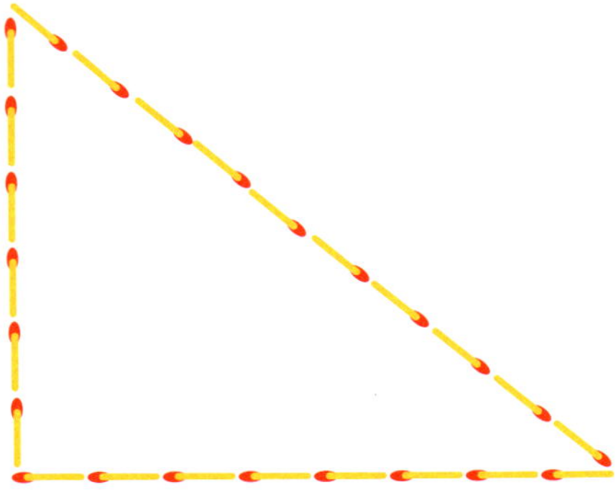

B

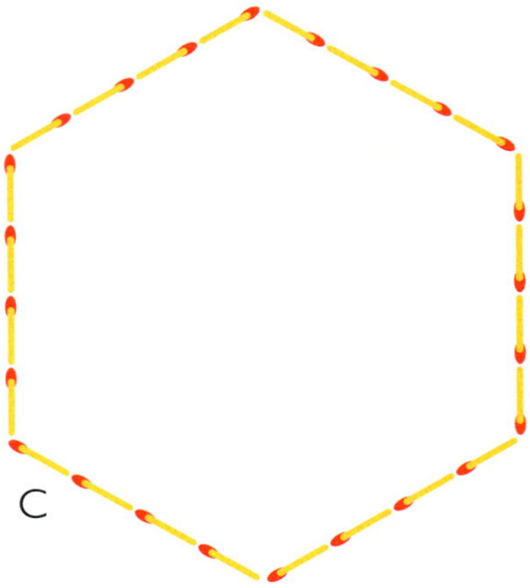

C

D

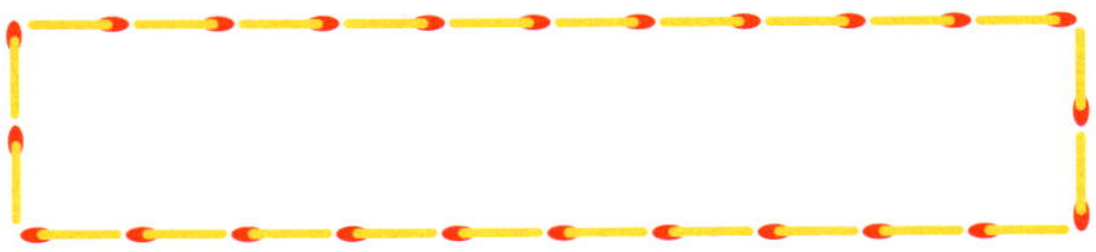

E

F

a) Was für Figuren haben die Kinder gelegt?

b) Haben alle Kinder 24 Streichhölzer gelegt? Prüfe nach.

c) Kannst du mit 12 Streichhölzern die Figuren A bis F so nachlegen, dass sie die gleiche Form haben?

2 Mit 28 Streichhölzern sollen jetzt Rechtecke gelegt werden. Lege die Figuren A bis H nach. Wie viele Hölzer werden für die fehlende Seite jeweils benötigt? Schreibe in dein Heft.

Rechteck	A	B	C	D	E	F	G	H
Breite	6	10		9				12
Länge	8		7		4	3	1	

a) Werden in A alle Streichhölzer gelegt?

b) Gibt es zwei gleiche Rechtecke in der Tabelle?

c) Zeichne die Rechtecke auf Karopapier in dein Heft. Wähle dabei für ein Streichholz eine Strecke von 1 cm Länge.

3 Zeichne Rechtecke mit einem Umfang von 18 cm (20 cm, 30 cm) in dein Heft.

Die Summe der Seitenlängen einer Figur nennt man **Umfang** der Figur.

4 Experimentiere mit einem Zollstock. Zeichne deine Zollstockfiguren ins Heft und schreibe den Umfang auf.

A

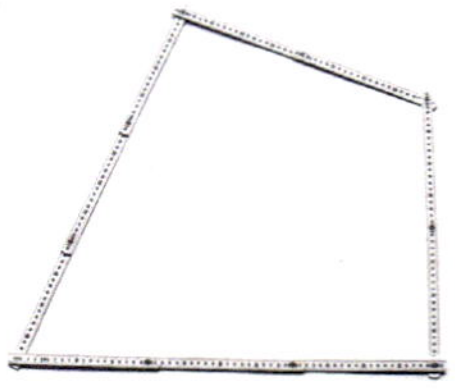

B

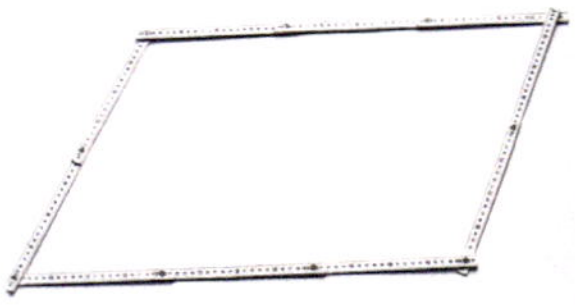

C

D

Wir messen Flächen aus

1 Schneidet aus Packpapier Quadrate mit der Seitenlänge 1 m. Messt mit diesen Meterquadraten eure Klasse aus. Wie geht ihr vor?

a) Wie viele Meterquadrate passen hinein?

b) Malt mit Kreide Tims Zimmer auf dem Fussboden auf.

c) Kann Frau Lehmann recht haben?

2 Übertrage den Plan auf Karopapier in dein Heft und vervollständige ihn. Zeichne euer Klassenzimmer im Maßstab 1 : 100. Zeichne auch Tims Zimmer. Was fällt dir auf?

1 Meterquadrat hat eine Fläche von 1 m² (1 Quadratmeter).

3 Messt die Länge und Breite von anderen Räumen. Zeichnet auch sie im Maßstab von 1 : 100 ins Heft. Wie viele Meterquadrate braucht man?

4 Messt mit einem Maßband die Breite und Länge anderer Räume. Schreibt auf, wie viele Meterquadrate jeweils Platz haben.

	Länge	Breite	Meterquadrate
Klassenzimmer			
Flur			
Schulhof			
Turnhalle			
Fußballplatz	105 m	70 m	
Handballfeld	40 m	20 m	

1 Gruppenarbeit

Vielfache – Teiler

1 Hier sind Einmaleinsreihen mit verschiedenen Farben markiert.
Welche Reihen sind es? Erkläre, warum über einigen Zahlen mehrere Punkte stehen.

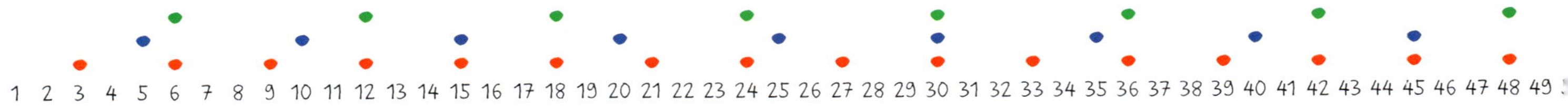

a) Ist 63 (48, 90, 24, 32) ein Vielfaches von 3, 5 oder 6?

b) Vielfache von 3 und 5 sind am Zahlenband schon markiert.
Nenne gemeinsame Vielfache von 3 und 5. Woran erkennst du sie?

c) Nenne gemeinsame Vielfache von 3 und 6. Was fällt dir auf?

d) Nenne gemeinsame Vielfache von 3, 5 und 6.
Nach wie vielen Schritten wiederholt sich das Muster?

2 **a)** Markiere an einem Zahlenband gemeinsame Vielfache von von 6 und 9 bis 100.

b) Schreibe auf, welche Muster dir auffallen.

1	2	3	4	5	6	7	8	9	10
11	12	13	14	15	16	17	18	19	20
21	22	23	24	25	26	27	28	29	30
31	32	33	34	35	36	37	38	39	40
41	42	43	44	45	46	47	48	49	50
51	52	53	54	55	56	57	58	59	60
61	62	63	64	65	66	67	68	69	70
71	72	73	74	75	76	77	78	79	80
81	82	83	84	85	86	87	88	89	90
91	92	93	94	95	96	97	98	99	100

3 **a)** Markiere die Vielfachen von 4 mit einem Kreuz,
die Vielfachen von 6 mit einem Kreis.
Wie heißen die gemeinsamen Vielfachen?

b) Markiere die Vielfachen von 2, … , 10 farbig.
Welche Zahlen bleiben übrig?

c) Wie sehen die Zahlen aus, die durch 10 teilbar sind? Wie sehen die Zahlen aus, die durch 5 teilbar sind? Was stellst du fest?

4 Gemeinsame Vielfache von Zahlen

3	5
15	
30	
45	
___	
___	

4	6
12	
___	
___	
___	
___	

7 6 8 9 4

5

a)	b)	c)	d)	e)
3 · 70	10 · 6	20 : 4	240 : 4	320 : 8
4 · 90	20 · 8	200 : 4	240 : 40	320 : 40
7 · 20	10 · 9	12 : 3	560 : 8	810 : 90
8 · 40	40 · 7	120 : 3	560 : 80	810 : 9
6 · 90	90 · 2	720 : 8	480 : 6	450 : 50
5 · 30	50 · 9	72 : 8	480 : 60	450 : 9
9 · 60	60 · 5	160 : 4	200 : 5	270 : 3
2 · 80	70 · 2	16 : 4	200 : 50	270 : 30

Kopiervorlage, schnelles Rechnen U 7 4

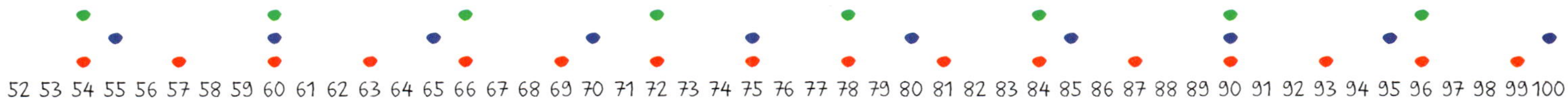

6 Teiler von 15

1	15
3	5
5	3
15	1

a) Welche Teiler hat die Zahl 27?
Überprüfe durch Ausfüllen in der 1 x 1-Tafel.

b) Ermittle die Teiler für 36, für 20, für 42 und für 60.

c) Teiler von 16 64 30 45 50 21

d) Teiler von 7 11 90 29 23 13 17

•	1	2	3	4	5	6	7	8	9	10
1										
2										
3										
4										
5										
6										
7										
8										
9										
10										

7 Quader aus Steckwürfeln: Anzahl bestimmen und Teiler sehen.

a)
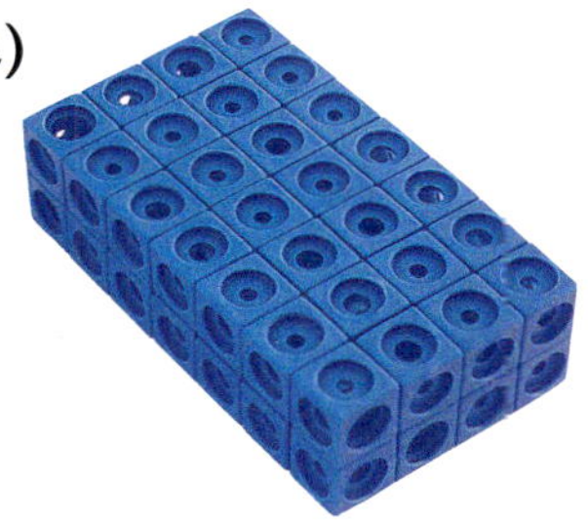

b)
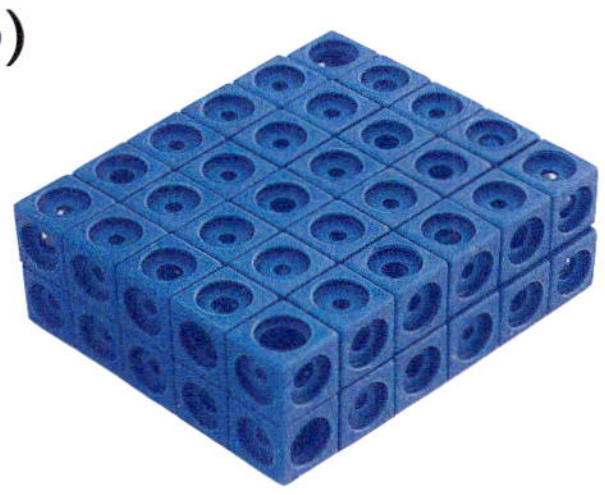

c)
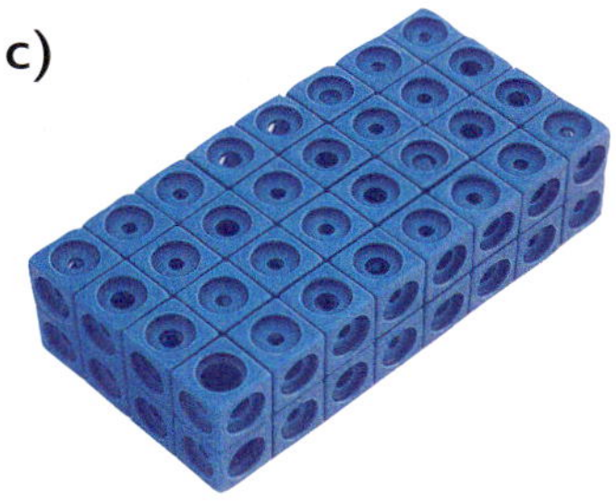

8 Quader aus Steckwürfeln: 36 Steckwürfel

36 · 1
1 · 36

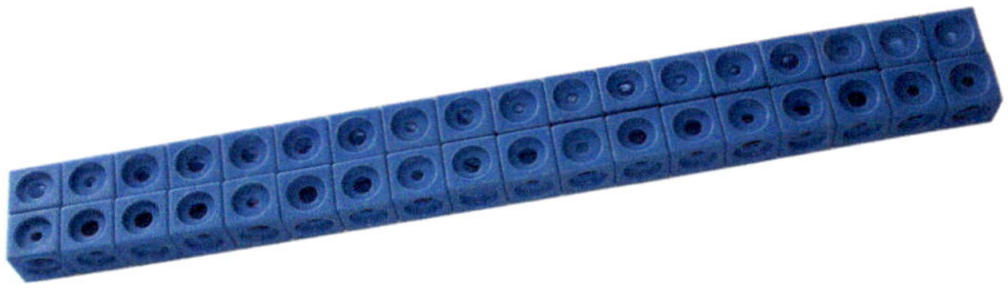

18 · 2
_ · 18

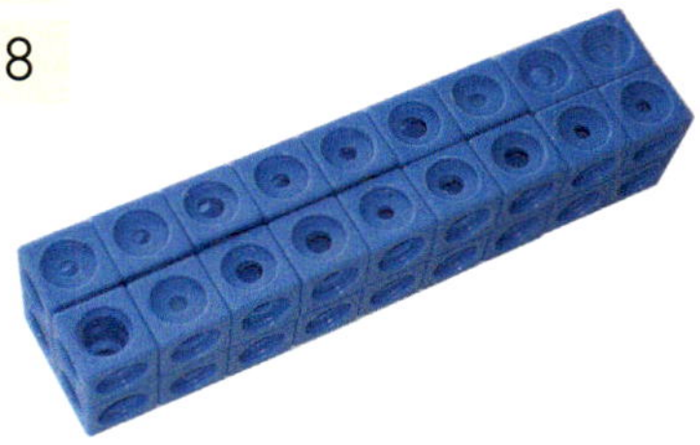

2 · 2 · _

Welche Quader findest du noch mit 36 Steckwürfeln?
Schreibe die Malaufgaben auf.

9 Schreibe die Zahlen auf die richtigen Zettel: 2, 3, 4, 5, 6, 7, …, 50.

- gerade
- ist Teiler von 40
- ist Vielfaches von 4 und 3
- durch 3 teilbar
- hat genau 2 Teiler

Halbschriftliche Division

1 2680 : 2 = ____

T	H	Z	E
●●	●●●●●●	●●●●●●●●	
●	●●●	●●●●	
●	●●●	●●●●	

a) 8640 : 2
4320 : 2

2160 : 2
1080 : _

____ : _
____ : _

b) 8640 : 4
8640 : 8

2160 : 4
2160 : 8

1080 : _
____ : _

c) 2934 : 3
2934 : 6

5868 : 3
5868 : 6

11736 : 3
____ : _

d) 10480 : 5
5240 : 2

2620 : 5
524 : 2

1310 : _
____ : _

2

3
2160 : 5
3275 : 5
4390 : 5
5505 : 5
6620 : 5
7615 : 5

4
2164 : 4
2508 : 4
2925 : 4
3396 : 4
3840 : 4
4284 : 4

5
3498 : 6
3378 : 6
3258 : 6
3138 : 6
3018 : 6
2998 : 6

6
4256 : 8
5336 : 8
6416 : 8
7496 : 8
8556 : 8
9616 : 8

4256 : 8 = ___
4000 : 8 = 500
240 : 8 = 30
16 : 8 = 2

7

:	2	4	6	8
4824				
5448				
8136				
7776				

8

:	2	3	6	5
1548				
2682				
3186				
5724				

9

:	3	4	5	6
7278				
4582				
6360				
8280				

10 Wie rechnest du?

statt : 4
erst : 2
nochmal : 2

statt : 6
erst : 2
dann : 3

statt : 5
erst : 10
dann · 2

11
2412 : 4
2616 : 4
2820 : 4
3024 : 4
3228 : 4
3432 : 4

12
4824 : 4
5232 : 4
5640 : 4
6048 : 4
6456 : 4
6864 : 4

13
2412 : 3
2616 : 3
2820 : 3
3024 : 3
3228 : 3
3432 : 3

14
2418 : 6
2622 : 6
2826 : 6
3030 : 6
3234 : 6
3438 : 6

15 Bilde aus den Ziffern

2 5 0 4

vierstellige Zahlen, die sich ohne Rest durch 5 teilen lassen. Wie viele findest du?

Schriftliche Division

1 9 328 : 4 = ____

Überschlag 8 000 : 4 = 2 000

T	H	Z	E
●●●●● ●●●●	●●●	●●	●●●●● ●●●

Rechnung

Zuerst die Tausender verteilen. Was übrig bleibt in Hunderter umwandeln …

T	H	Z	E				T	H	Z	E	
9	3	2	8	:	4	=	2	3	3	2	9 T : 4
8											2 T · 4 = 8 T
1	3										bleibt 1 T, dazu 3 H das sind 13 H; 13 H : 4
1	2										3 H · 4 = 12 H
	1	2									bleibt 1 H, dazu 2 Z, das sind 12 Z; 12 Z : 4
	1	2									3 Z · 4 = 12 Z
		0	8								bleibt 0 Z, dazu 8 E, das sind 8 E; 8 E : 4
			8								2 E · 4 = 8 E
			0								diesmal bleibt nichts übrig.

Probe

2	3	3	2	·	4

2

2 576 : 2	6 426 : 2	6 624 : 3	5 328 : 3
2 576 : 4	6 426 : 3	6 624 : 6	5 328 : 6
2 576 : 8	6 426 : 6	6 624 : 9	5 328 : 9
9 528 : 2	8 526 : 2	9 360 : 2	4 736 : 2
9 528 : 3	8 526 : 3	9 360 : 4	4 736 : 4
9 528 : 6	8 526 : 6	9 360 : 8	4 736 : 8

3

7 128 : 3	10 818 : 9
6 168 : 6	18 180 : 3
9 756 : 9	18 018 : 2
7 824 : 2	30 330 : 5
8 224 : 4	30 828 : 7
3 400 : 8	17 760 : 8

4 Sortiere die Aufgaben durch Überschlag und überprüfe durch Rechnung.

Ergebnis	
< 2000	> 2000

7 920 : 4 9 520 : 4 11 820 : 6 10 200 : 5 21 840 : 7 9 150 : 5 13 440 : 7 13 390 : 6 15 880 : 8 4 760 : 2

1 9566 : 4 = ____

Überschlag

8000 : 4 = 2000

12000 : 4 = 3000

Rechnung

9	5	6	6	:	4	=	2	3	9	1	Rest		2
8													
1	5												
1	2												
	3	6											
	3	6											
		0	6										
			4										
			2										

Rechne ebenso:

7174 : 3

6957 : 5

3129 : 8

17565 : 4

2	**3**	**4**	**5**	**6**
9384 : 4	9384 : 8	8114 : 3	8114 : 6	62923 : 5
9833 : 4	9833 : 8	14756 : 3	14756 : 6	63174 : 5
18138 : 4	18138 : 8	15372 : 3	15372 : 6	63421 : 5
14315 : 4	14315 : 8	45283 : 3	45283 : 6	63675 : 5
14112 : 4	14112 : 8	31486 : 3	31486 : 6	63922 : 5
25297 : 4	25297 : 8	53258 : 3	53258 : 6	64173 : 5

Zu den Aufgaben 2 bis 6 neun Aufgaben ohne Rest.

7 **a)**

8608 : 4 = 2152
8
06
4
20
20
08
8
0

Überschlag

8000 : 4 = 2000

Ergebnis

> 2000

b)

15880 : 8 = 1985

Überschlag

Ergebnis

c)

48078 : 6 = 8013
48
00
0   0 · 6 = 0
07
6
18
18
0

Überschlag

Ergebnis

d) 92004 : 9   45035 : 5   87203 : 3   70607 : 7   60078 : 6

Taschenrechner zur Kontrolle einsetzen

Durch Zehnerzahlen dividieren

$65\,340 : 60 =$ ______

Peter

65 340 : 60 = 1089
60
 53
 00
 534
 480
  540
  540
   0

Momo

6534 : 6 = 1089
6
 5
 0
 53
 48
  54
  54
   0

1 Wie rechnest du?

18 360 : 20	24 560 : 20	56 480 : 20	98 630 : 70	211 200 : 300
18 360 : 30	49 120 : 40	84 720 : 60	112 720 : 80	352 000 : 500
18 360 : 60	98 240 : 80	112 960 : 80	126 810 : 90	492 800 : 700

2 Rechne geschickt.

9612 : 3	17 120 : 40	188 500 : 500	28 860 : 60	501 600 : 800
96 120 : 30	1712 : 4	1885 : 5	2886 : 6	5016 : 8
961 200 : 300	171 200 : 400	18 850 : 50	288 600 : 600	501 680 : 80

3 Immer mindestens zwei Aufgaben haben dasselbe Ergebnis.
Überlege, rechne, erkläre.
Finde jeweils zwei weitere Aufgaben mit dem gleichen Ergebnis.

18 720 : 30	60 840 : 20	369 900 : 50	348 720 : 60	332 160 : 40
37 440 : 30	121 680 : 40	180 450 : 50	174 360 : 30	664 320 : 80
37 440 : 60	243 360 : 80	369 900 : 100	174 360 : 20	664 320 : 40

4 Übertrage die Tabelle in dein Heft.
Bilde am Ende die Summe jeder Spalte.
Was entdeckst du? Schreibe es auf.

:	10	100	20	200	40	400
90 800						
80 400						
98 800						
63 600						
66 400						

Kommazahlen dividieren

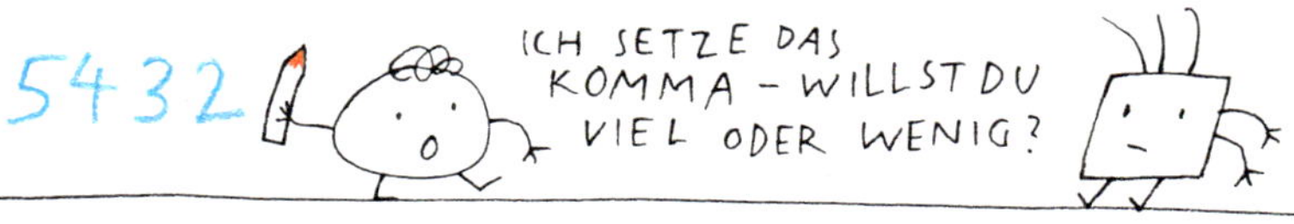

1 763,50 € : 5 = ____

Überschlag

1000 € : 5 = 200 €

Das Komma trennt Euro und Cent.

Rechnung

Euro			Cent					Euro			Cent	
7	6	3,	5	0	:	5	=	1	5	2,	7	0
5												
2	6											
2	5											
	1	3										
	1	0										
		3	5									
		3	5									
			0	0								
			0	0								
				0								

Probe

1	5	2,	7	0	·	5

2
29,20 € : 4
36,50 € : 5
43,80 € : 6
51,10 € : 7
59,20 € : 8
65,70 € : 9

3
127,60 € : 2
191,40 € : 3
383,40 € : 6
319,50 € : 5
446,60 € : 7
446,40 € : 9

4
39,70 € : 2
79,40 € : 4
119,10 € : 6
158,80 € : 8
59,25 € : 5
118,50 € : 6

5
885,60 € : 6
825,60 € : 6
765,00 € : 6
885,60 € : 8
806,60 € : 8
764,80 € : 8

6
816,40 € : 8
816,40 € : 4
511,00 € : 4
511,00 € : 5
511,00 € : 7
586,00 € : 8

7 Kann man 1 €/m/kg/l teilen?

a) Fünf Kinder teilen sich 1 €.

Imo
1 € = 100 Cent
100 Cent : 5 = __

Momo
1,00 € : 5 = 0,20 €
0
10

Jeder bekommt 20 Cent.

b)
2,40 m : 4
2,04 m : 4
2,40 m : 8
2,04 m : 8

c)
7819,2 kg : 2
3909,6 kg : 3
1303,2 kg : 2
651,6 kg : 3

d) Mutter mischt 1 l Apfelsaft und 0,75 l Sprudel. Sie füllt die Apfelschorle in 5 Gläser.

8 Übertrage die Tabelle in dein Heft.

:	2	4	5	10	20	50	100
1							
2							
4							

Supermarkt

Hannah und Judith wollen Äpfel kaufen. Sie wählen zwischen:

Gloster	Golden Delicius	Jonagold
Netz	**Folienpack**	**Folienpack**
Gewicht: 2 kg	Gewicht: 750 g	Gewicht: 900 g
Stückzahl: ca. 12	Stückzahl: immer 4	Stückzahl: immer 6
Preis pro Netz: 1,99 €	Packungspreis: 1,49 €	Packungspreis: 1,35 €

1 Bei welcher Sorte sind die Äpfel am größten (schwersten)? Notiere deine Überlegungen. Begründe deine Entscheidung.

2 Gib für jede Apfelsorte an wie schwer <u>ein</u> Apfel ungefähr ist und wie viel er kostet.

3 Hilf den Mädchen herauszufinden, welche Äpfel am billigsten sind.

a) Wie gehst du vor? Schreibe deine Überlegungen auf.

b) Übertrage die Tabelle in dein Heft.
Vergleiche die Preise von Gloster und Delicius.

Gewicht in g		250	500	750	1000	1500	2000
Preis in Euro	**Gloster**						1,99
	Delicius			1,49			

Judith

c) Vergleiche auch Delicius mit Hilfe einer Tabelle.

Gewicht in g		100	150	300	450	750	900	1000	1500
Preis in Euro	**Delicius**					1,49			
	Jonagold						1,35		

d) Was meint Judith genau?

Ganz schön knifflig

1 35495 : 5 = ___

a) Wie groß ist das Ergebnis ungefähr?

b) Wie groß ist das Ergebnis genau?

c) Überprüfe die Lösung durch die Probe.

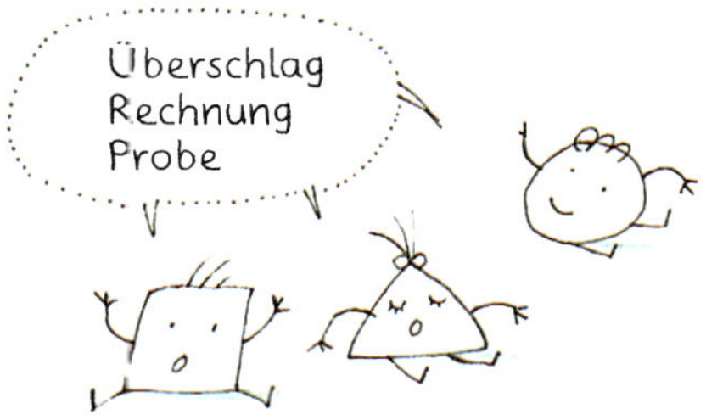

2 Gesucht ist eine Zahl zwischen 9 990 und 10 000, die ohne Rest durch 6 teilbar ist.

a) Wie groß ist das Ergebnis ungefähr?

b) Wie gehst du vor? Schreibe deine Überlegungen und Lösungsversuche auf.

c) Besprich dich mit deinem Partner. Vergleicht eure Wege.

c) Vielleicht habt ihr gemeinsam noch eine andere Idee, die geschickt zur Lösung führt.

3 Welche Zahl zwischen 9 990 und 10 000 kann man ohne Rest durch 8 teilen? Nutze deine Erfahrungen aus Aufgabe 2.

a) Welche Zahlen kommen in Frage?

b) Wie groß ist das Ergebnis ungefähr?

c) Mario sagt: „Ich rechne nur eine Aufgabe, dann weiß ich schon die Lösung."

4 74 607 : 7 = ___

a) Rechne zuerst die Beispielaufgabe.

b) Erfinde für deinen Partner Divisionsaufgaben. Wähle – wie im Beispiel – Zahlen zwischen 74 500 und 75 000. Der Rest soll immer 1 sein.

c) Finde Aufgaben mit dem Rest 1 für : 2, : 3, : 4, …, : 10.

5 Zeichne die Tabelle in dein Heft.

245	350	432	452	660	:	2	3	4	5	10

sicher mit Rest	sicher ohne Rest

a) Trage die Aufgaben in die Tabelle ein, bevor du sie ausrechnest.

b) Rechne die Aufgaben aus.

c) Eine der Zahlen lässt sich durch alle Zahlen ohne Rest teilen. Finde weitere Zahlen, die auch durch 2, 3, 4, 5, 10 ohne Rest teilbar sind.

6 168 : 24 = __

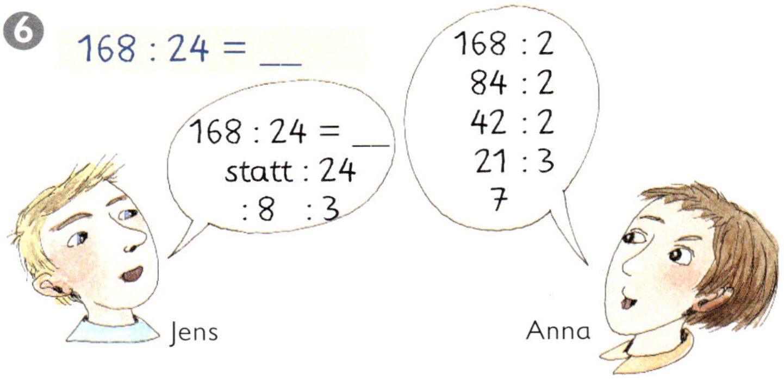

288 : __ = ___

Vereinfache die Aufgaben wie Jens und Anna.

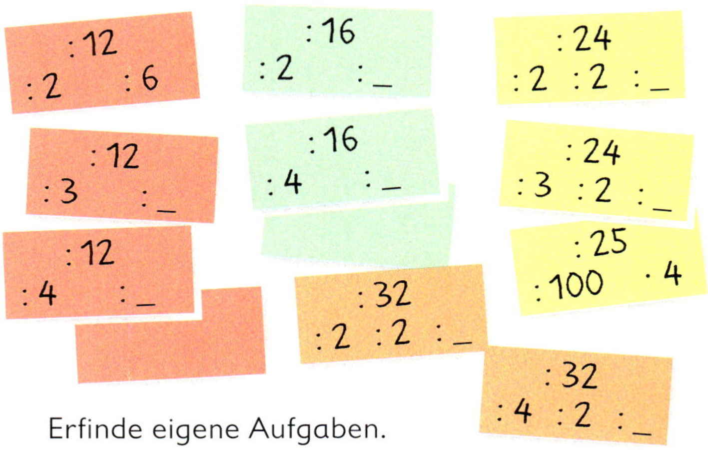

Erfinde eigene Aufgaben.

7 Aufgaben erfinden

a) Finde Zahlen, die durch 3, 5 und 7 ohne Rest teilbar sind.

b) Verändere die Zahlen so, dass sie beim Teilen durch 7 den Rest 4 lassen.

Lernstand Multiplikation und Division

1 Bearbeite die Aufgaben wie im Beispiel.

403 · 24   Ü: 400 · 20 =

a) 284 · 36   **b)** 303 · 34

2 Schreibe auch für die Divisionsaufgaben deine Überschlags-rechnung auf und gib an, ob das Ergebnis größer oder kleiner sein wird.

a) 582 : 6   **b)** 778 : 8   **c)** 603 : 9

3 Rechne, vergleiche. Erkläre, was die Kinder falsch gemacht haben.

Rechne aus:

3	2	7	·	5	6

Rechnung von Sven

3	2	7	·	5	6
	1	5	3	5	
		1	9	6	2
	1	7	3	1	2

Rechnung von Kati

	3	2	7	·	5	6
1	5	1	0	3	5	
	1	8	1	2	4	2
1	6	9	1	5	9	2

Rechnung von Lars

3	2	7	·	5	6
	1	5	0	5	
		1	8	2	2
	1	6	8	7	2

4 Manchmal wollen 2 Kinder, manchmal 3 Kinder, 4 Kinder , …
eine Tafel Schokolade gerecht teilen.
Schreibe zu jeder Tafel, für welche Teilung(en) sie besonders geeignet ist.

a)

b)

c)

5 Vervollständige die Tabellen.
Schreibe auf, wie du vorgehst.

a)

:	4	
128		16
	96	

b)

·		
12	60	180
	90	

6 Ein Bücherregal bietet auf acht Böden Platz für jeweils 40 Bücher. Klaus hat 168 Bücher eingeräumt.

a) Wie kann die Verteilung sein?
Schreibe zwei Beispiele auf.

b) Wie viele Böden bleiben höchstens frei?

c) Kann es sein, dass auf jedem Boden gleich viele Bücher stehen?

Aufgaben finden

7 Schreibe die Aufgaben nach der Größe des Ergebnisses geordnet auf.
Beginne mit der Aufgabe, die das kleinste Ergebnis hat.
Wenn du die Aufgaben vorher ausrechnen möchtest,
so beginne mit der Aufgabe, bei der du
das kleinste Ergebnis erwartest.

7385 : 5 7428 : 4 7613 : 2 7581 : 3 7896 : 6

8 **284** ist eine dreistellige gerade Zahl, die durch 2 und auch durch 4 ohne Rest teilbar ist.
Suche zwei dreistellige Zahlen, die durch 3 und durch 7 ohne Rest teilbar sind.
Schreibe deine Überlegungen auf.

9 Es gibt Zahlen, die durch 2, 3, 4 und 6 ohne Rest teilbar sind.
Die Tabelle enthält Beispiele.

	:	2	3	4	6
A					
B	60	30	20	15	10
C	84	42	28	21	14
D					

a) Welches ist die kleinste Zahl mit dieser Teilbarkeitseigenschaft?
Fülle die erste Zeile A aus.

b) Welche Gemeinsamkeiten besitzen die „Ergebnisse" in den einzelnen Zeilen?

c) Begründe das „Muster".

d) Finde eine weitere Zahl mit der gleichen Teilbarkeitseigenschaft.
Fülle die letzte Zeile D aus.

10 Mit oder ohne Rest?

a) Teile **2916** durch 2, 3, 4, 6 und 9.
Vertausche dann die Ziffern und teile durch die gleichen Zahlen.
Vergleiche mit dem ersten Päckchen. Was fällt auf? Versuche eine Erklärung.

b) Finde weitere Zahlen, die 2916 ohne Rest teilen.

c) Wie viele Aufgaben lassen sich insgesamt durch Vertauschen der Ziffern erzeugen?

11 Welche Ziffern fehlen?

a)

3	9		·	5	
	1	9		0	
			7		2

b)

6	8	4	·		
	2	0			
	2	5	9	9	2

c) 3 8 2 0 : ☐ = 3 ☐ ☐ R 4

d) 3 8 2 0 : ☐ = 2 ☐ 2 R 4

12 Mario braucht für den Weg zur Schule 15 Minuten, für den Weg von der Schule nach Hause 20 Minuten. Er überlegt, wie viel Zeit er pro Woche auf dem Schulweg verbringt.

a) Schreibe deine Überlegungen und deinen Lösungsweg auf.

b) Warum braucht Mario für den Rückweg mehr Zeit? Was könnte es sein?

c) Wie viel Zeit verbringt Mario in einem Schuljahr auf dem Schulweg?

Gewichte

1 Etwa 2000 v. Chr. haben Menschen im Orient schon Gewichte in Form von Haustieren genutzt.

1000 g = 1 kg
1000 kg = 1 t (Tonne)
500 kg = 0,5 t
100 kg = 0,1 t

Das „Urkilogramm" wird heute in Paris aufbewahrt. Es ist aus Platin-Iridium.

2 Ein erwachsener Mann wiegt im Durchschnitt 80 kg, eine erwachsene Frau 65 kg. Momo wiegt 39 kg.

Wir wiegen zusammen ungefähr 1 t.

1,05 t

Gestaltet eine Info-Wand.

In unserer Klasse?

In einem 3-Personen-Haushalt fallen in 1 Woche 15 kg Altpapier an.

Der Papierverbrauch übersteigt 200 kg pro Person im Jahr.

In Deutschland verursacht jeder Einwohner täglich etwa 1 kg Hausmüll.

Wie soll das enden?

3 **a)** Lege eine Tabelle an.

	t			kg		
Fahrrad						
Motorrad						

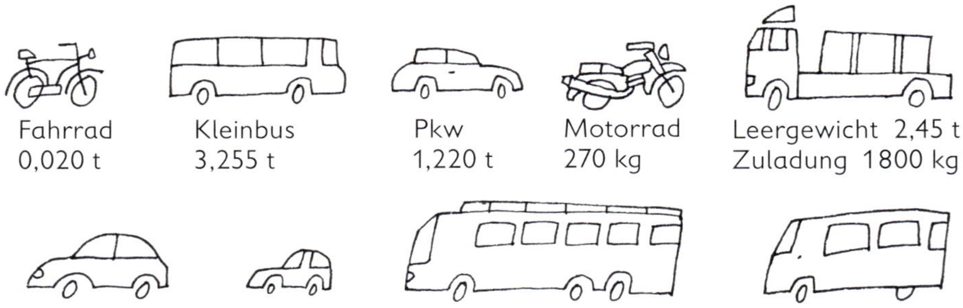

Fahrrad 0,020 t

Kleinbus 3,255 t

Pkw 1,220 t

Motorrad 270 kg

Leergewicht 2,45 t
Zuladung 1800 kg

845 kg

0,620 t

Linienbus 6 t 450 kg

3 t 330 kg

b) Welche Fahrzeuge können mit der Fähre auf die andere Seite gelangen?

c) Welche Fahrzeuge können gemeinsam ans andere Ufer übergesetzt werden?

Tonne, Kilogramm, Gramm

GABELT DIESER STAPLER HOCH?

1

LKWs können leer zwischen 1000 kg und 14 t wiegen.

Eisenbahnwaggons können leer zwischen 20 000 kg und 40 000 kg wiegen.

2 Welches Gesamtgewicht darf jedes Transportmittel höchstens haben? Trage der Größe nach in dein Heft ein.

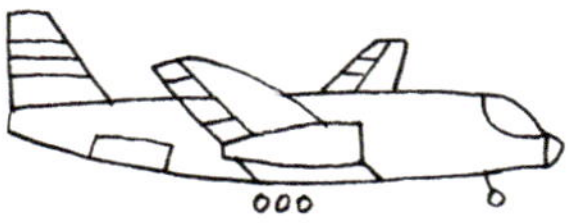

Leergewicht: 365 t
Tragfähigkeit: 200 t

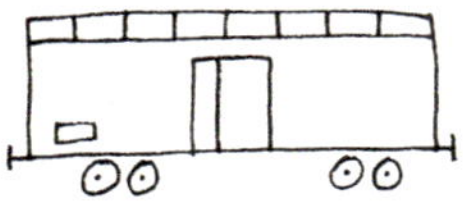

Leergewicht: 29,5 t
Tragfähigkeit: 25,0 t

Leergewicht: 3780 kg
Tragfähigkeit: 1750 kg

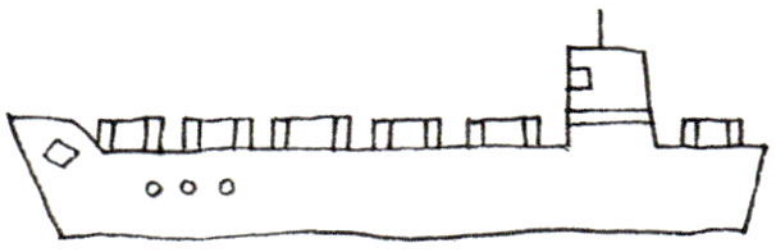

Leergewicht: 5 000 t
Tragfähigkeit: 11 000 t
max. Beladung:
786 Container je 14 t

3 Heute werden viele Güter in Containern transportiert.

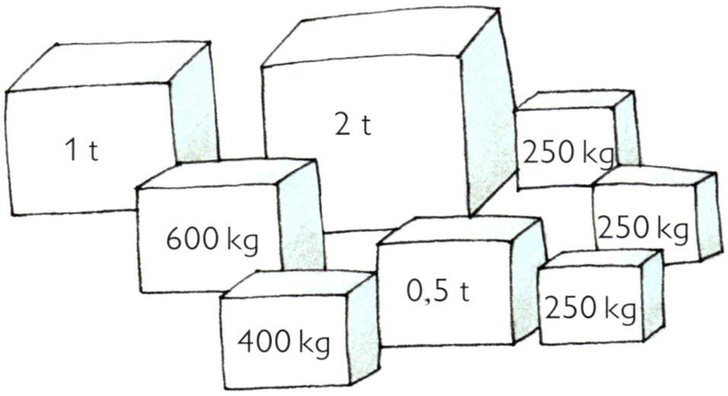

Stelle Ladungen für die Transportmittel zusammen.

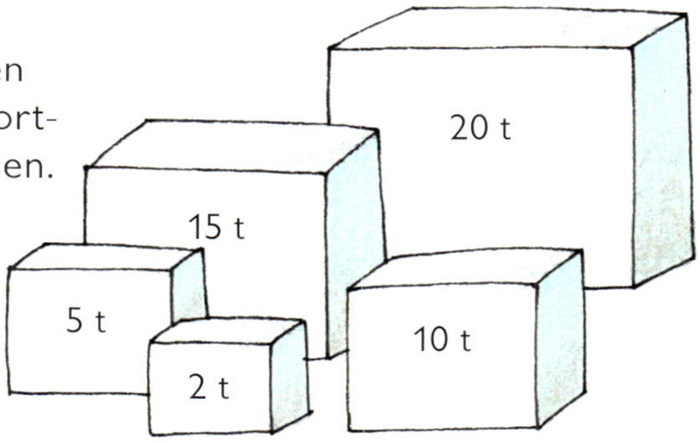

4 Naomis Bruder Tim trägt mit Freunden Zeitschriften aus. Ein LKW bringt Stapel vor das Haus. Auf der Karre liegen jeweils 3 Stapel nebeneinander, hintereinander und übereinander. Eine Zeitschrift wiegt 190 g, 50 Zeitschriften sind in einem Stapel.
Naomi rechnet, wie schwer ihr Bruder und seine Freunde tragen müssen.

5 Simons Bruder Tom ist 16 Jahre alt. Mit seinem Freund trägt er Zeitungen aus. Tom nimmt jedes Mal 15 kg, sein Freund Tim 10 kg. Jeder fährt drei Mal. Eine Wochenendausgabe wiegt 580 g.
Wiege doch mal eure Zeitung.

6 Die Mutter von Tom trägt Werbehefte aus.
1 Heft wiegt 20 g. Sie trägt jedes Mal 6 Stapel zu 2 kg.
Sie holt dreimal einen Stapel.
Trägt sie insgesamt mehr Kilogramm als ihr Sohn?

7 Anna trägt auch Werbehefte aus.
In die 2 Satteltaschen ihres Fahrrades kann sie je 5 kg packen.
Sie fährt zweimal. In ihrem Gebiet stehen viele Hochhäuser.

Rauminhalt

1 1 Liter Wasser passt in einen Würfel von 10 cm Kantenlänge.

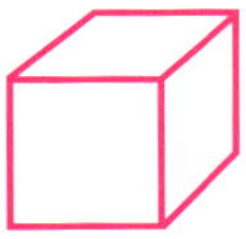

Dieser Würfel hat 1 cm Kantenlänge. Wie viel Wasser passt hinein?

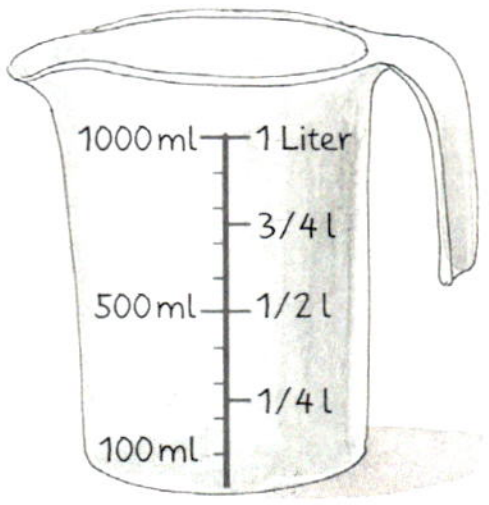

1 l = 1000 ml

1 Liter Wasser wiegt 1 kg.

2 Der Rauminhalt ist auf vielen Behältern oft in Litern (l) oder Milliliter (ml) angegeben. Vergleiche und ordne.

a) Wie viel fehlt bei euren Behältern bis zu einem Liter, bis zu 10 Litern?

b) Welche Verpackungen sind zum Stapeln besonders geeignet?

3 Für seinen Geburtstag will Simon Apfelschorle selber mischen. Er hat 12 Kinder eingeladen und schätzt, dass jedes Kind etwa fünf Gläser Schorle trinkt. Simon mischt immer 1 l Wasser mit 1 l Apfelsaft.

a) Überlege, wie genau er messen kann. Reicht der Apfelsaft? Wie oft muss er den Sodabehälter füllen?

b) Auch mit Kirschsaft schmeckt es.

Soda	Kirschsaft
$\frac{1}{4}$ l	$\frac{1}{2}$ l
$\frac{1}{2}$ l	__ l
$\frac{3}{4}$ l	__ l

c) Wie hoch wäre der Verbrauch bei dieser Mischung: 2 l Apfelsaft mit 1 l Wasser?
Stelle eine Mischung für deine Familie zusammen. Gib an, welche Mengen du brauchst.

4 Tankanzeige im roten Bereich!

Die Eltern von Tom tanken 48 l Benzin, die von Anna 78 l. „Wie viele Eimer Flüssigkeit in einen Tank passen!“, staunt Tom. „Das ist doch noch gar nichts“, meint Anna. „Ein Flugzeug verbraucht von Düsseldorf nach Berlin 5000 l Kerosin. Das ist ein besonderer Treibstoff.“

Schwimmen

1 **W**as will ich wissen?
Achte ich auf kleine Veränderungen?
Rätsele ich oder stelle ich Vermutungen an?
Umbau des Versuchs sinnvoll?
Merke ich mir, was passiert?

schwimmt ein SCHIFF?

Ich versuche …

Ich vermute …

Ich verändere …

Ich entdecke …

Ich beweise …

Wir machen ein Experiment:
Wir nehmen zwei gleich schwere Knetstangen. Aus der einen Stange formen wir eine Kugel, aus der anderen ein Schiff wie in der Abbildung. Knetkugel und Knetschiff werden in eine Schüssel mit Wasser gesetzt.

a) Was passiert? **b)** Begründe.

2

3 Du kannst weiter praktische Versuche machen und entdecken, was wichtig ist, damit ein Schiff schwimmt.

Du brauchst:
einen großen 1000 ml Standzylinder, einen kleineren 250 ml Zylinder ohne Fuß, eine Waage oder ein Wiegeglas, etwas Sand, Trinkwasser und Karopapier.

Gehe so vor:
Wiege 50 g Sand in den 250 ml Zylinder, fülle Wasser in den großen Standzylinder.
Setze den mit Sand gefüllten Zylinder in den Standzylinder und lass ihn darin schwimmen.
Lies die Eintauchtiefe ab. Nimm den Zylinder aus dem Wasser, fülle weitere 50 g Sand ein und sezte ihn wiederum in den mit Wasser gefüllten Standzylinder.
Lies den Wasserstand ab. Wiederhole den Vorgang noch einmal.
Lege eine Tabelle auf Karopapier an und trage die Messwerte ein. Was entdeckst du?

Bundesrepublik Deutschland

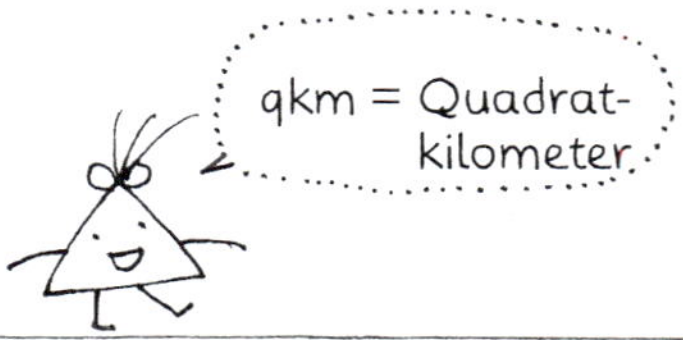

Bundesländer	Fläche in qkm	Einw. in 1000	Hauptstadt
Baden-Württemberg	35751	10149	Stuttgart
Bayern	70554	11770	München
Berlin	882	3440	Berlin
Brandenburg	29475	2543	Potsdam
Bremen	404	685	Bremen
Hamburg	755	1669	Hamburg
Hessen	21114	5951	Wiesbaden
Mecklenburg-Vorpommern	23192	1858	Schwerin
Niedersachsen	47577	7584	Hannover
Nordrhein-Westfalen	34072	17722	Düsseldorf
Rheinland-Pfalz	19852	3852	Mainz
Saarland	2570	1084	Saarbrücken
Sachsen	18407	4641	Dresden
Sachsen-Anhalt	20440	2789	Magdeburg
Schleswig-Holstein	15732	2680	Kiel
Thüringen	16175	2546	Erfurt

1 Wovon reden die Kinder?
Beantworte ihre Fragen.

2 In welchem Bundesland wohnst du?
Wie heißen die Nachbarländer?
Bist du schon einmal in einem anderen Bundesland gewesen?

Suche weitere eigene Aufgaben zur Karte und zur Tabelle.

3

Berlin Zoologischer Garten → München 674 km

ab	Zug	Umsteigen	an
7.00	IC		14.57
7.48[1]	ICE		15.24
8.18	ICE		15.09
8.40	ICE/ICE	Göttingen	15.00
9.38	ICE/ICE	Fulda	16.14
10.18	ICE		17.11
10.40	ICE/ICE	Göttingen	17.00
11.38	ICE/ICE	Fulda	18.14

[1] ab Berlin-Spandau

a) Was ist die schnellste Zugverbindung von Berlin nach München?

b) Um 8.40 Uhr fährt ein Zug, der fast zur gleichen Zeit in München ankommt wie der Zug, der um 7.00 Uhr abfährt. Woran kann das liegen?

c) 100 Bahnkilometer kosten ca. 14 Euro. Was kostet die Fahrt nach München ungefähr?

d) Erkundige dich nach Zugverbindungen zu den Hauptstädten der Bundesländer.

Zahlen aus Städten

1 **a)** Kannst du das Schaubild erklären?

Einwohnerzahlen einiger deutscher Großstädte (Stand 1.2.2000)

Berlin	3 398 822
Dresden	452 827
Hannover	516 153
Essen	603 194
Frankfurt	643 857
Hamburg	1 700 089
Köln	962 580
Leipzig	437 101
München	1 188 897
Stuttgart	581 961
Düsseldorf	571 475

b) Sortiere die Einwohnerzahlen nach ihrer Größe.

c) Welche Stadt hat die meisten Einwohner, welche die wenigsten?

d) Wie viele Einwohner hat Berlin mehr als Hamburg und München zusammen?

2 Runde die Zahlen in den genannten Städten und zeichne ein Schaubild in dein Heft.
Verwende
(großes Männchen) für 1 000 000 Einwohner und
(kleines Männchen) für 100 000 Einwohner.

Einwohnerzahlen	
Mexico City	15 012 000
Sao Paulo	9 839 000
Moskau	8 639 000
New York	7 811 100
London	7 074 000
Hongkong	6 298 000
Rom	2 645 000
Paris	2 152 000

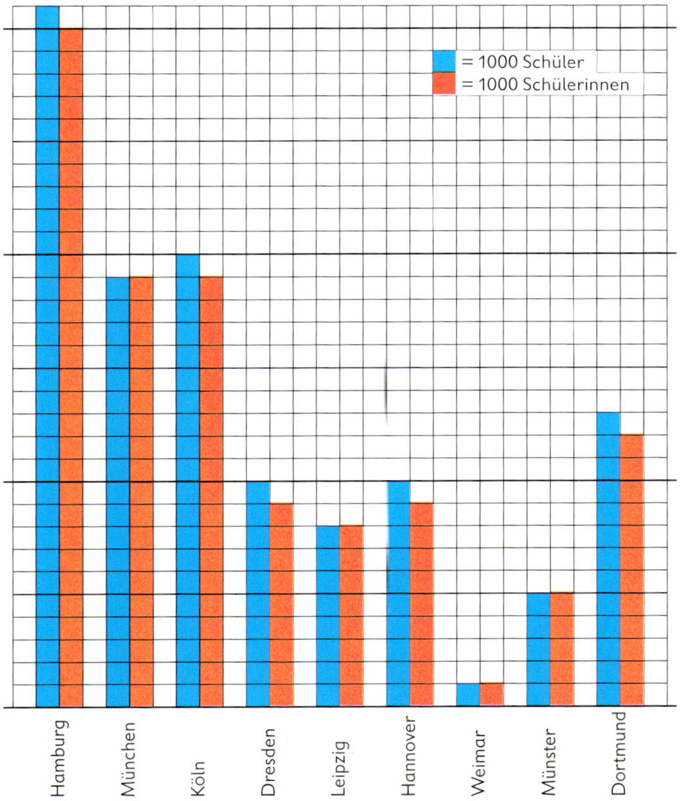

3 Das Schaubild zeigt, wie viele Schülerinnen und Schüler in den genannten Städten die Grundschule besuchen.
Stelle das Schaubild als Tabelle dar.

a) Wie viele Jungen und Mädchen sind es jeweils zusammen?

b) Die Zahlen sind gerundet. Wie viele Kinder können es mindestens (höchstens) sein?

c) In München, Leipzig, Weimar und Münster sind die Säulen nach dem Runden gleich hoch. Wie groß kann der Unterschied sein?

e) Wie viele Kinder in deinem Heimatort besuchen die Grundschule?
Wie sieht diese Zahl im Schaubild aus?

Im Sportverein

Viele Grundschüler in Nordrhein-Westfalen sind in einem Sportverein.
So viele sind es in diesen Sportarten:

Fußball	280 127	Schwimmen	78 575
Volleyball	23 892	Leichtathletik	47 773
Handball	40 747	Karate	6 910
Tennis	59 088	Turnen	147 202
Tischtennis	25 337	Reiten	38 442

❶ Sortiere die Sportarten nach ihrer Häufigkeit.

❷ Zeichne ein geeignetes Schaubild.

❸ Welcher Sport wird am häufigsten ausgeübt, welcher am seltensten?

❹ Simon, Anna und Delek möchten gern wissen, ob es bei den 27 Schülerinnen und Schüler ihrer Klasse genauso ist. Sie haben eine Umfrage gemacht.

Klasse 4 b	27 Kinder
Fußball	𝍸 |||
Volleyball	||||
Handball	||
Tennis	
Tischtennis	
Schwimmen	𝍸 ||
Leichtathletik	
Karate	|
Turnen	𝍸 |
Reiten	|||

Fertige eine Tabelle an und zeichne ein Schaubild.

Info-Zettel

Klasse	Schüler
1a	28
1b	27
1c	29
2a	27
2b	27
2c	26
3a	23
3b	24
3c	26
4a	25
4b	27
4c	28

❺ Die Kinder der Klasse 4 b möchten die Verteilung der Sportarten an ihrer Schule untersuchen. Sie befragen in jedem Jahrgang eine Klasse. Das ist eine „Stichprobe".

Klasse 1 a	28 Kinder
Fußball	𝍸 𝍸 |
Volleyball	
Handball	|||
Tennis	
Tischtennis	||
Schwimmen	𝍸 |
Leichtathletik	
Karate	
Turnen	𝍸 ||
Reiten	|

Klasse 2 c	26 Kinder
Fußball	𝍸 𝍸 |||
Volleyball	|||
Handball	
Tennis	|
Tischtennis	
Schwimmen	𝍸 |
Leichtathletik	
Karate	|||
Turnen	𝍸 |||
Reiten	||||

Klasse 3 b	24 Kinder
Fußball	𝍸 𝍸 𝍸 |
Volleyball	
Handball	
Tennis	𝍸
Tischtennis	|||
Schwimmen	𝍸 𝍸 |
Leichtathletik	
Karate	||
Turnen	||
Reiten	|

❻ Macht auch eine Stichprobe in eurer Schule. Wertet die Ergebnisse aus.

Sportabzeichen

Gr.	Art der Übung (ankreuzen)	Versuche	beste Leistung
1	☐ 50-m-Schwimmen ☐ 200-m-Schwimmen		
2	☐ Hochsprung ☐ Weitsprung ☐ Standweitsprung ☐ Bock-/Pferdsprung		
3	☐ 50-m-Lauf ☐ 75-m-Lauf ☐ 100-m-Lauf ☐ 400-m-Lauf ☐ 1000-m-Lauf		
4	☐ Kugel ☐ Schlagball		

1 Von den fünf verschiedenen Disziplinen muss man für das Sportabzeichen insgesamt vier machen. Welche wären für dich interessant?

2 Sieh dir die Prüfkarte an.

a) Viele Sportarten sind für euer Alter noch nicht zugelassen. Welche Sportarten dürft ihr machen?

b) Welche Leistungen müssen Jungen und Mädchen mit 8 Jahren, welche mit 10 Jahren mindestens erfüllen?

c) Vergleiche die Leistungen. Versuche, die unterschiedlichen Anforderungen zu begründen.

Mindestanforderungen für das Sportzeichen

Gr.	Art der Übung	Schüler			Schülerinnen		
	Alter	8	9/10	11/12	8	9/10	11/12
1	50-m-Schwimmen	in beliebiger Zeit			in beliebiger Zeit		
	200-m-Schwimmen	—	—	—	—	—	—
2	Hochsprung	0,75	0,85	1,00	0,70	0,80	0,95
	Weitsprung	2,40	2,60	3,10	2,20	2,40	2,80
	Standweitsprung	—	—	—	—	—	—
	Bocksprung	—	—	—	—	—	—
	Hocke oder Grätsche	0,90	1,00	1,20	0,90	1,00	1,20
3	50-m-Lauf	10,30	9,90	9,20	10,40	10,00	9,50
	75-m-Lauf	—	—	12,70	—	—	13,10
	100-m-Lauf	—	—	—	—	—	—
	400-m-Lauf	—	—	—	—	—	—
	1000-m-Lauf	—	—	—	—	—	—
4	Kugelstoßen	—	—	—	—	—	—
	Steinwurf (15 kg)	—	—	—	—	—	—
	Schlagball (80 g)	17,00	20,00	27,00	10,00	12,50	17,50
	Wurfball (200 g)	—	18,00	22,00	—	11,00	14,00
	Schleuderball (1,5 kg)	—	—	—	—	—	—
	Medizinball (2,0 kg)	—	—	—	—	—	—
	100-m-Schwimmen	—	—	—	—	—	—
	Bodenturnen	Rolle vorwärts, 1/2 Drehung, Rolle rückwärts					
5	800-m-Lauf	4,50	4,30	4,10	5,20	5,00	4,50
	1000-m-Lauf	—	5,40	5,15	—	—	—
	2000-m-Lauf	—	—	—	—	—	—
	3000-m-Lauf	—	—	—	—	—	—
	5000-m-Lauf	—	—	—	—	—	—
	10-km-Wandern	—	—	—	—	—	—
	20-km-Radfahren	—	—	—	—	—	—
	800-m-Schwimmen	—	—	—	—	—	—
	1000-m-Schwimmen	—	—	—	—	—	—
	Skilanglauf	in beliebiger Zeit			in beliebiger Zeit		

3 Fritz ist 12 Jahre alt. Er hat schon einmal im Verein ein Sportabzeichen gemacht. Dieses Jahr versucht er das goldene Sportabzeichen zu erreichen.

Bei einem Test sind seine Leistungen:

75-m-Lauf:	13,3 s
Schlagball:	24,00 m
Weitsprung:	3,40 m
Hochsprung:	0,90 m
800-m-Lauf:	3,53 min

a) Kann er mit diesen Leistungen sein Sportabzeichen bekommen?

b) Welche Disziplinen sollte er auswählen oder welche müsste er noch weiter trainieren?

4 Wo könntest du dein Sportabzeichen machen?

Lernstand Sachaufgaben

1 Wie viele Heuballen sind hier ungefähr gestapelt worden?

Mache eine Überschlagsrechnung!

2

a) Wie viel kostet ein Apfel ungefähr?

b) Wie viel wiegt ein Apfel ungefähr?

3

Mal Regen und mal Sonnenschein

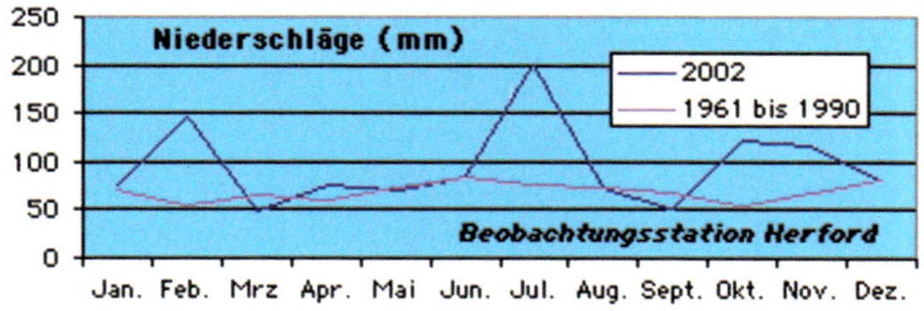

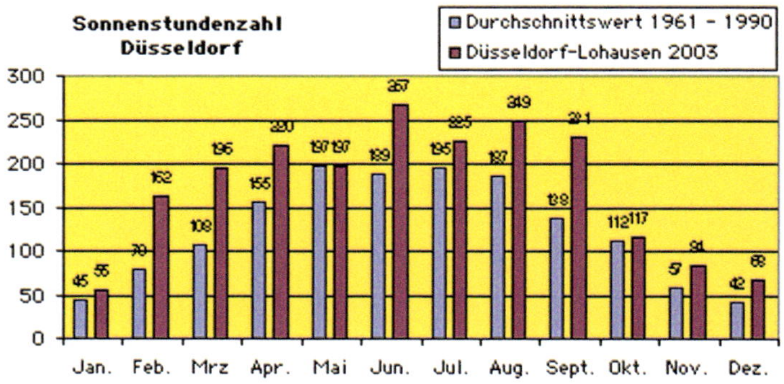

a) Schreibe auf, was du aus beiden Schaubildern ablesen kannst.

b) Ist die Sonnenstundenzahl in Düsseldorf in jedem Jahr immer größer oder gleich dem Durchschnittswert 1961–1990?

4

Münster **ab** ↓	14 : 11	14 : 36	14 : 41
Paderborn **an**	15 : 41	15 : 47	16 : 11
Preis*	7,90 €	11,30 €	7,90 €
Regionalbahn	✔		✔
Regionalexpress		✔	
Intercityexpress		✔	
Umsteigen		✔	

*Normalpreis 1 Erwachsener

Kati fährt am Freitag mit ihrer Mutter die Oma besuchen. Mit ihrer Bahncard 50 fährt Katis Mutter zum halben Preis. Kinder bis 14 Jahre, die mit einem Elternteil fahren, brauchen nichts zu bezahlen.

Finde 3 Fragen, die du mit den Informationen in der Tabelle beantworten kannst. Schreibe Frage und Antwort auf.

Aufgaben finden

5 Für die 30 km lange Strecke zur Arbeitsstelle braucht Vater mit dem Auto 36 Minuten. Samstags und sonntags arbeitet Vater nicht. Einmal im Monat macht die Familie einen Wochenendausflug und legt dabei eine Strecke von ungefähr 150 km zurück. Vater hat pro Jahr 30 Arbeitstage Urlaub. Die Urlaubsreise im Sommer macht die Familie mit dem Auto. Im letzten Sommer sind sie etwas mehr als 2500 km gefahren.

Mutter

a) Wie viele km wird das Auto pro Jahr ungefähr gefahren? Schätze zuerst, schreibe dann deine Überschlagsrechnung auf.

b) Was möchtest du wissen? Schreibe deine Fragen auf. Wähle mindestens zwei Fragen, die du mithilfe der Mathematik beantworten kannst. Schreibe deine Überlegungen und deinen Lösungsweg auf.

6 **a)** Kati, Lisa und Moni wiegen zusammen genau 100 kg. Der Gewichtsunterschied zwischen den Freundinnen ist kleiner als 10 kg. Lisa ist genau so schwer wie Kati. Ist Moni leichter oder schwerer als die Freundinnen? Was kann sein?

b) Ali, Peter und Mario wiegen zusammen 105 kg. Ali wiegt am wenigsten, Mario wiegt 5 kg mehr als Peter. Wie viel wiegen Ali und Mario zusammen? Vergleiche mit dem Gewicht von Peter.

7 Die Interessen der Kinder in Timos Klasse sind recht unterschiedlich und vielfältig. Die Tabelle zeigt das Ergebnis einer Umfrage zum Freizeitverhalten der Kinder.

Freizeitaktivität	Anzahl
Lesen	12
Computer	10
Fernsehen	12
Schwimmen	6
Reiten	2
Fußball	4
Instrument	2

Sie ermöglicht Aussagen wie:

a) Schreibe auf, was du aus der Tabelle abliest (mindestens 2 Aussagen).

b) Stelle die Daten als Säulendiagramm dar. Verwende kariertes Papier.

c) Was kann sein, was weißt du sicher? Überprüfe, ob die folgenden Aussagen nach der Tabelle zweifelsfrei richtig sind:

- Sechs Kinder betreiben mindestens eine Sportart.
- In der Klasse sind mehr Mädchen als Jungen.
- Die Zahl der Kinder, die häufig fernsehen ist größer, als die Zahl derer, die häufig Computerspiele machen.
- In der Klasse sind mindestens 12 Kinder, höchstens aber 48.

8 Zusätzliche Informationen:

- Alle Kinder haben an der Befragung teilgenommen und mindestens eine Aussage gemacht.
- Zwei Kinder haben jeweils 4, fünf Kinder jeweils 3 Freizeitaktivitäten genannt. Ein Kind hat nur eine Angabe, alle anderen Kinder 2 Angaben gemacht.
- Zur Klasse gehören 2 Mädchen mehr als Jungen.

Welche Fragen kannst du jetzt zweifelsfrei beantworten?
- Wie viele Kinder sind in der Klasse?
- Wie viele Mädchen, wie viele Jungen?
- Wie viele Jungen spielen ein Instrument?

Kreise

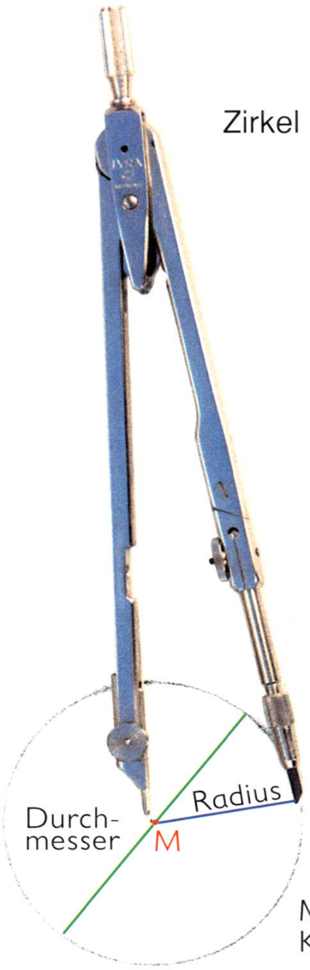

M ist der Kreismittelpunkt

1. Mit einem Zirkel lassen sich leicht Kreise und Kreismuster zeichnen.

   a) Zeichne Kreise mit dem Radius 2 cm, 25 mm und 40 mm um denselben Kreismittelpunkt.

   b) Zeichne einen Kreis mit dem Durchmesser 96 mm.
   Zeichne in diesen Kreis zwei möglichst große Kreise, die sich nicht überdecken. Welchen Durchmesser haben deine Kreise?

2. **a)** Zeichne nach. Finde auch eigene Muster.

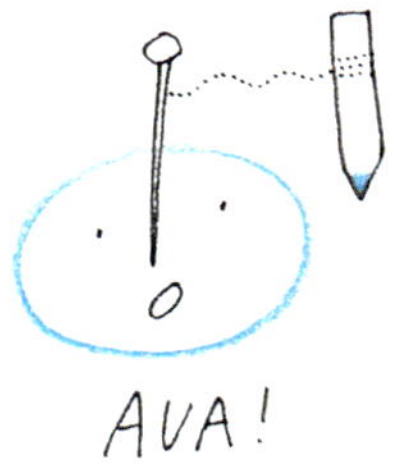

   b) Zeichne mit halben Kreisen eine Spirale.
   Wo liegt der 4. Mittelpunkt?

   c) Zeichne 2 Kreise so, dass sie zusammen möglichst wenige (viele) Spiegelachsen haben.

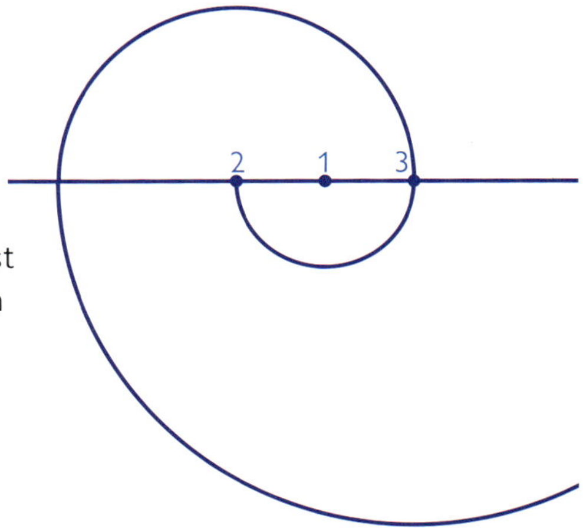

3. Zeichne einen Kreis mit einem selbstgewählten Radius.
   Wie viele weitere Kreise mit dem gleichen Radius, aber mit anderen Kreismittelpunkten, musst du zeichnen, um den ersten Kreis zu überdecken?

   Tipp: Schneide mehrere gleich große Kreise aus und probiere es.

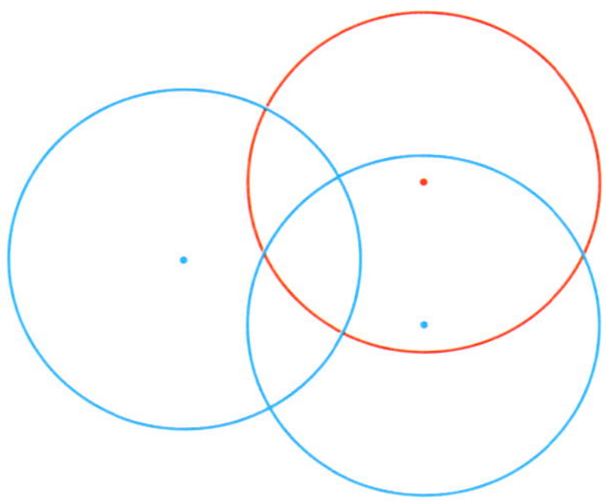

4. Kreismuster an einer Kirche

Rautenmuster

1 a)

b) Lege oder male ein Rautenmuster.

2 a) Lege dieses Rautenmuster nach.

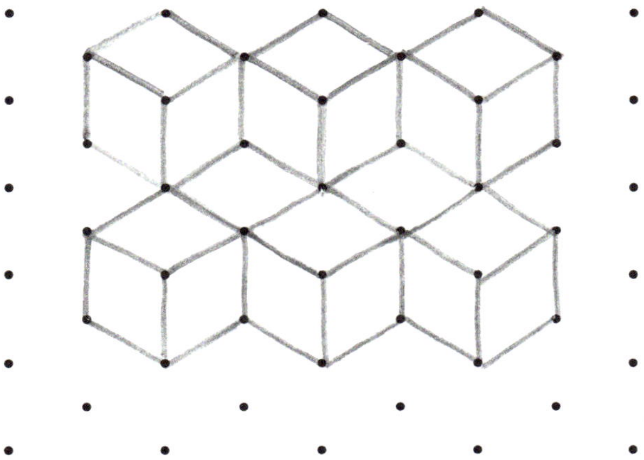

b) Wie könnte dieses Rautenmuster unten weitergehen? Lege.

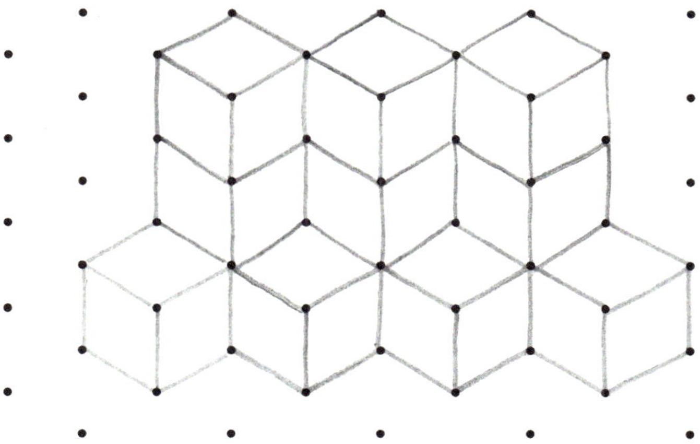

3 Wie viele Rauten brauchst du, um diese Figuren zu legen?

a) Gibt es mehrere Möglichkeiten? Vergleicht eure Ergebnisse.

b) Zeichnet eigene Pläne.

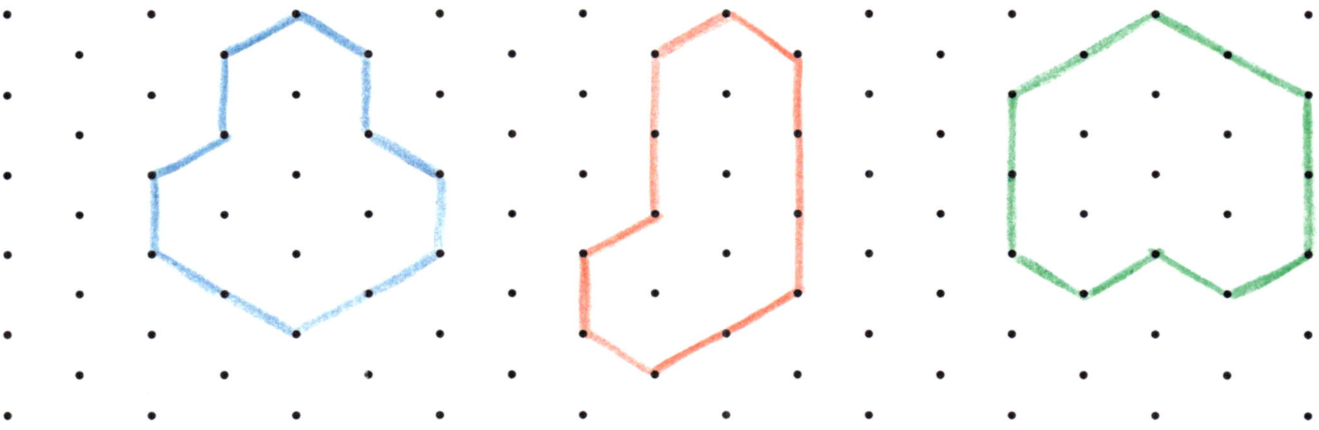

1 Victor Vasarely (1908 – 1997), AMBIGU-B 1970;
Kopiervorlage Rautenpunkte

Symmetrie

1 Beim Museumsbesuch haben sich die Kinder der Klasse 4 Bilder ausgesucht, die sie besonders mögen.

Tina mag das Bild von Robert Indiana. Es heißt „Love“.

Tom mag das Bild von Max Bill. Es heißt „Vierteilige Einheit aus Dreiergruppen“.

2 Du stellst Gemeinsamkeiten im Aufbau der Bilder fest, aber auch Unterschiede. Notiere deine Entdeckungen und konstruiere ein eigenes Bild nach Indiana oder Bill.

3 Experimentiere mit dem Spiegel im Bild „Carré plié“ von Mehdi Moutashar. Entdecke Symmetrieachsen und übertrage in dein Heft.

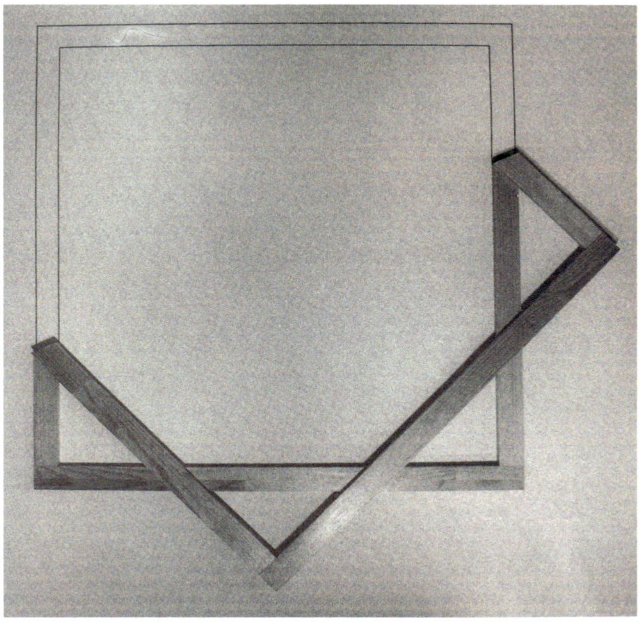

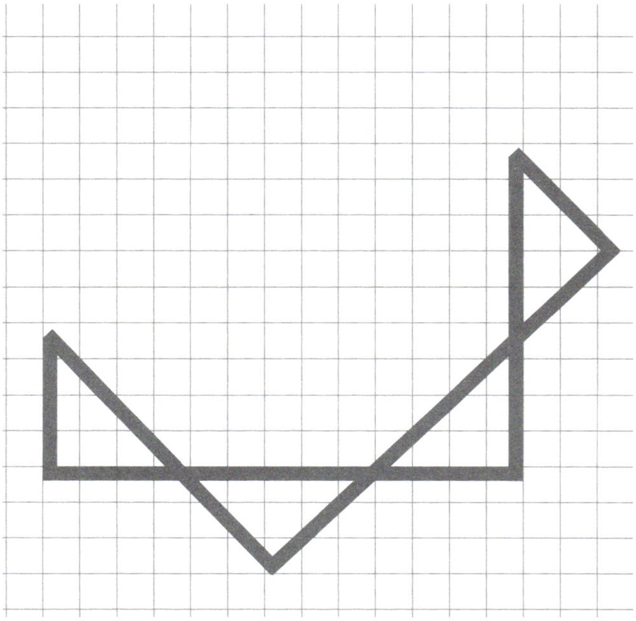

Robert Indiana (1928), Love, 1966;
Max Bill (1908 – 1994), Vierteilige Einheit aus Dreiergruppen, 1982;
Mehdi Moutashar (1943), Carré plié, 1985

❹ Schon vor Jahrhunderten wurde in der Baukunst die Symmetrie genutzt.
So auch beim Aachener Dom, der seit 1978 Weltkulturdenkmal ist.

Der Dom heute, gewachsen innerhalb der letzten 1000 Jahre

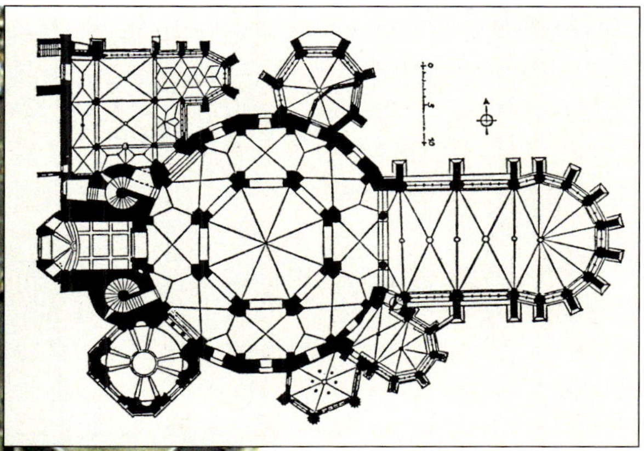

Grundriss des Aachener Doms

Auch andere religiöse Bauwerke, wie z. B. Moscheen, zeigen Symmetrien. Besonders schöne symmetrische Fliesen und Ornamente lassen sich dort entdecken.

❺ Übertrage die Muster in dein Heft, ergänze spiegelbildlich.

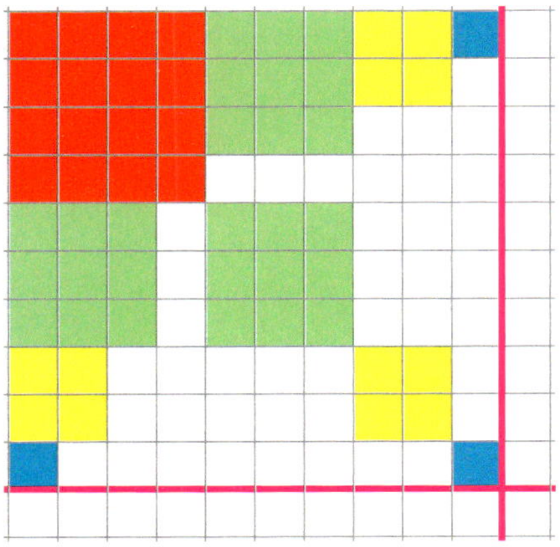

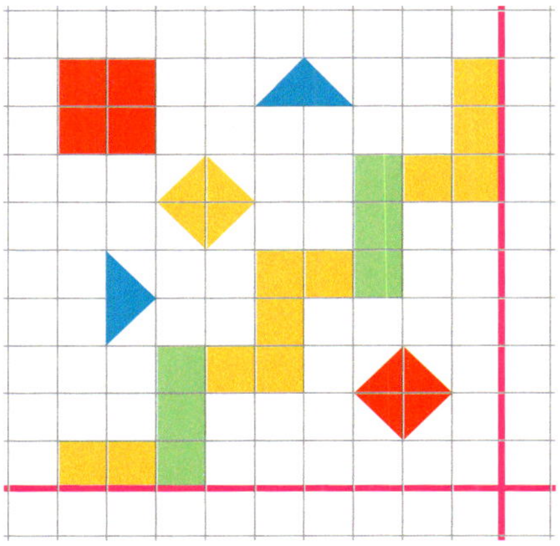

❻ Falte einen Papierstreifen mehrfach und schneide die Ecken wie im Bild weg. Wie viele Symmetrieachsen findest du?

❼ **a)** Schau dich in deiner Umgebung nach Fliesenmustern um, zeichne sie ab, beschreibe sie.

b) Macht eine Ausstellung zur Symmetrie. Sammelt Bilder, die dazu passen.

Flächen vergleichen und messen

1

a) Was kannst du über die Größe der Fläche der grauen Steinplatten sagen? Benutze zum Vergleich Quadratflächen, die die Ziegelsteinbreite als Seitenlänge haben.

b) Schreibe deine Rechnung für die Gesamtfläche der 4 Steinplatten und der 2 Ziegelsteine im Bild auf.

c) Wie kannst du deine Rechnung kontrollieren?

d) Zeichne das Bild auf Karopapier nach.

2 Die Fassade des Hauses im Bild ist mit Platten verkleidet. Die Glasflächen der Fenster kannst du über die Größe und Anzahl der Platten beschreiben.

Wie groß ist der Unterschied zwischen der Größe der Glasflächen insgesamt und der im Bild sichtbaren Plattenanzahl?

3

Das ist ein Zentimeterquadrat mit der Seitenlänge 1 cm. Schätze, wie viele Zentimeterquadrate die Figuren groß sind. Miss dann aus.

Figur	geschätzt	mit Raster ermittelt
1		

Wege

1 Auf Karogitter laufen

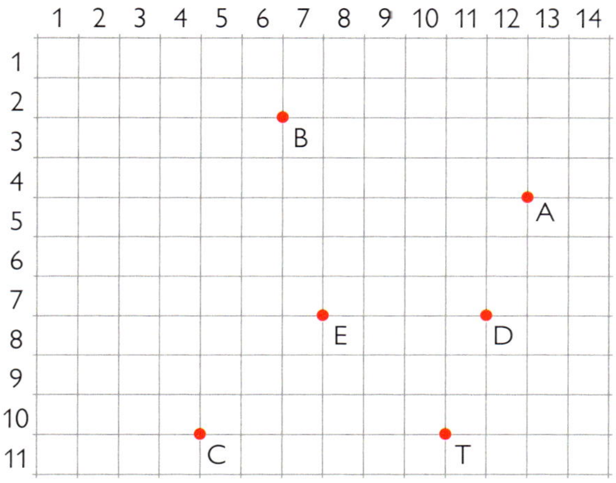

a) Beschreibe für jeden Punkt A, B, C oder E einen Weg zum Punkt T (ohne Umwege!). Beispiel für D: 3 Karolängen nach unten, 1 nach links.

b) Für welche 2 Punkte treffen folgende Wegbeschreibungen (keine Umwege!) zu? Es kann mehrere Lösungen geben.

Von Punkt 1 zu Punkt 2 4 mal nach rechts und doppelt so weit nach unten.

Von Punkt 1 zu Punkt 2 6 mal nach unten, 2 mal nach links.

Die Punkte sind 6 Karolängen voneinander entfernt.

c) Nach der Hälfte des Weges nach T gibt es einen anderen Punkt, der genauso weit wie T liegt. Wie heißt der Punkt? (Es gibt mehrere Lösungen.)

2 Auf dem Kantenmodell des Quaders krabbelt ein Käfer von der Ecke A zur Ecke G entlang der Kanten ohne zweimal auf dieselbe Ecke zu kommen.

a) Gib drei verschiedene Wege an, indem du die Eckenfolge A bis G aufschreibst.

b) Gib einen kürzesten und einen längsten Weg an.

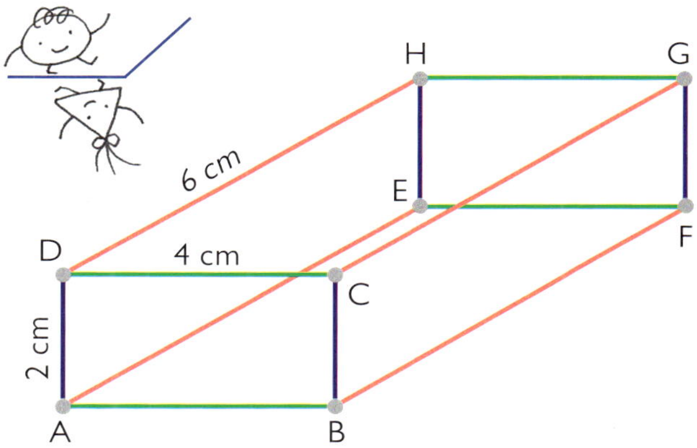

3

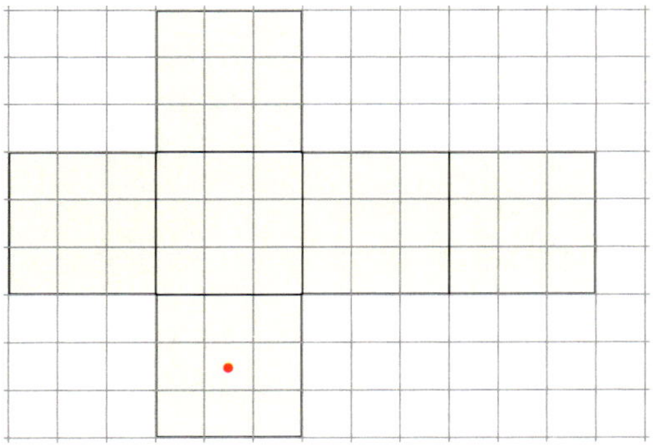

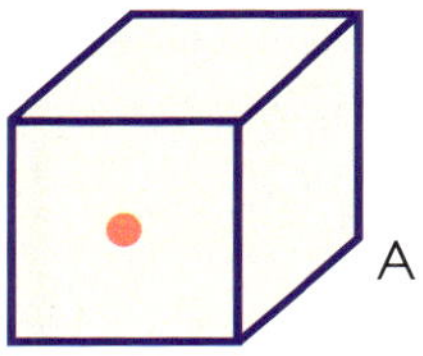

Eine Ameise sitzt in der Mitte der Seitenfläche eines Würfels. Sie möchte auf kürzestem Weg zur Ecke A. Wie kommt sie dahin und wie lang ist ihr Weg?

Tipp: Übertrage das Netz und zeichne ihren Weg ein.

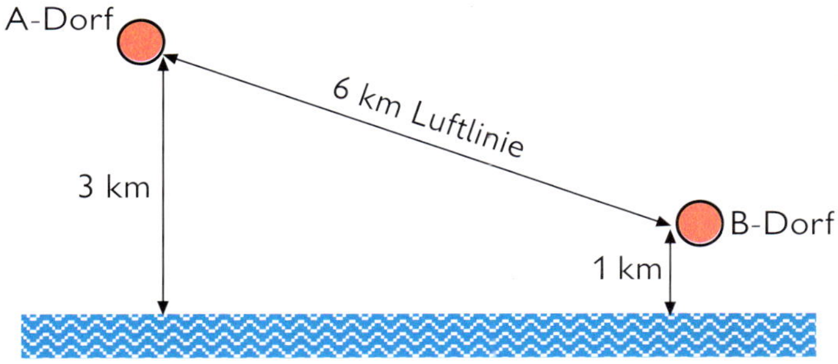

4 Über einen Schifffahrtskanal soll eine Brücke gebaut werden. Die Brücke soll an der Stelle gebaut werden, wo die Entfernung nach A-Dorf genauso groß ist wie nach B-Dorf.

Wie lang wird die Straße von A-Dorf bis zur Brücke ungefähr?

Lernstand Geometrie

1 **a)** Zeichne auf Karopapier 3 Großbuchstaben:

ein Buchstabe soll achsensymmetrisch zu einer vertikalen Karolinie sein, 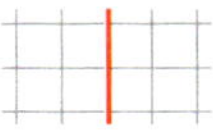

ein Buchstabe achsensymmetrisch zu einer horizontalen Karolinie sein, 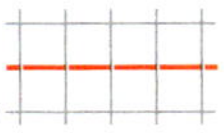

ein Buchstabe achsensymmetrisch zu einer schrägen Achse sein: 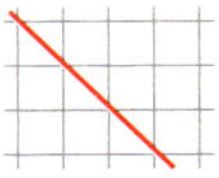 oder 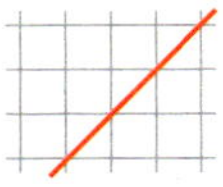

b) Zusätzlich zu a) soll noch eine Teilstrecke des Buchstabens auf der Symmetrieachse liegen.

2 Zeichne Rechtecke wie im Bild auf Karopapier.
Beginne mit dem kleinsten Rechteck.

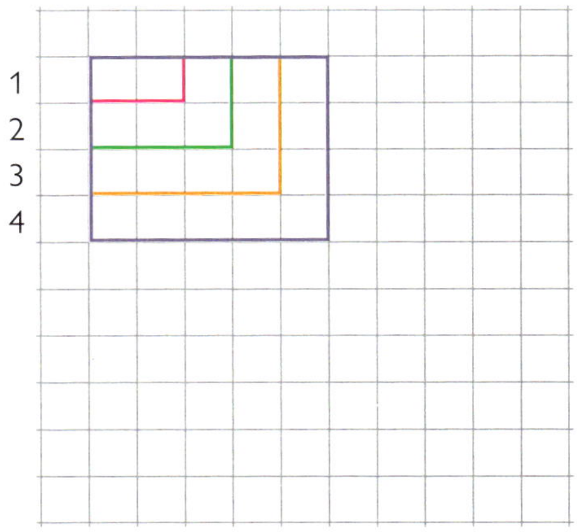

a) Schreibe den Umfang (in Karobreiten) und die Fläche (in Karokästchen) jeweils auf.

Rechteck	1	2	3	4					
Umfang	6	10							
Fläche	2	6							

b) Welchen Umfang und welche Fläche hat das 8. Rechteck?

c) Welchen Umfang und welche Fläche hat das 100. Rechteck?

d) Gibt es unter den Rechtecken eines mit 128 Kästchen Fläche? Begründe deine Antwort.

e) Gibt es ein Muster bei den Ecken der Rechtecke im Bild? Schreibe auf, was du erkennst.

3

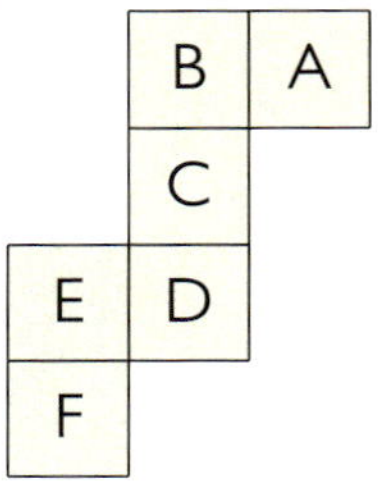

Wo liegt beim Würfel was?

a) Wenn C unten liegt, wie liegen dann die anderen Seitenflächen (rechts/links, unten/oben, vorn/hinten)?

b) Wenn E unten liegt … ?

c) Wenn A oben liegt … ?

4

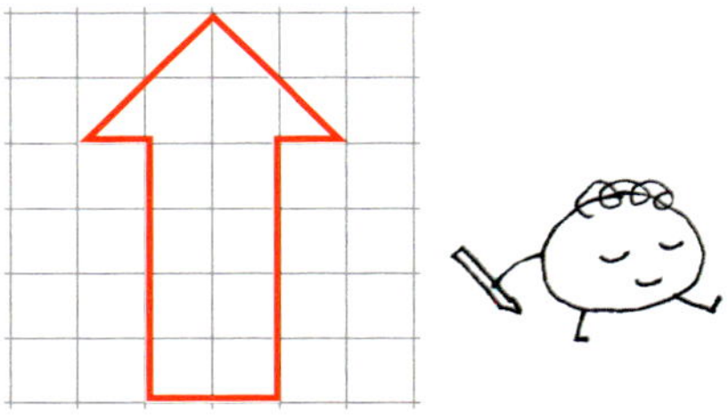

Übertrage den Pfeil in dein Heft.

a) Vergrößere ihn im Maßstab 1 : 2, d. h. auf das Doppelte.

b) Verkleinere den Pfeil im Maßstab 2 : 1, d. h. auf die Hälfte.

5

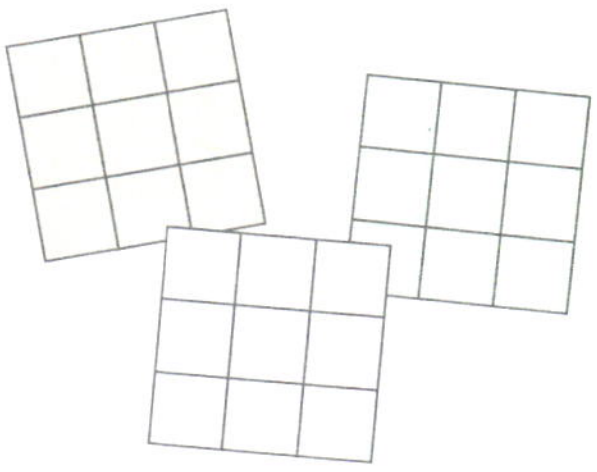

a) Schreibe Baupläne für jeden der drei Würfelkörper auf.

b) Wie viele kleine Würfel fehlen bei jedem Teilkörper, um ihn zu einem großen Würfel zu ergänzen?

a) Die abgebildeten Würfelkörper sind Teile eines 3 x 3 x 3-Würfels. Wie viele kleine Würfel fehlen noch?

Informationen aus dem Internet

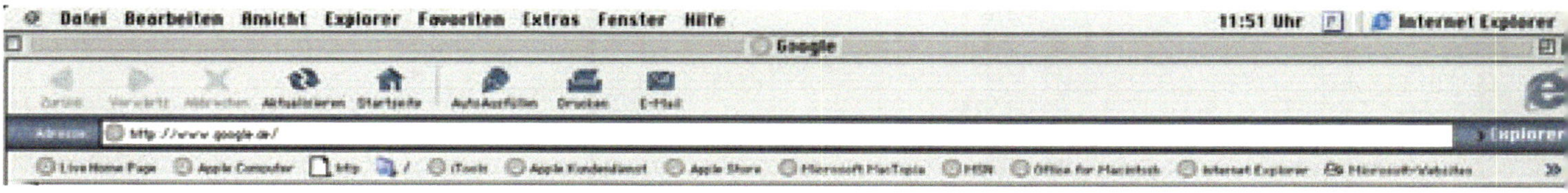

Die Klasse 4a der Grundschule am Röttgersbach in Duisburg hat sich im Internet über die „Titanic“ informiert. Dazu ist z. B. die Suchmaschine „Google“ geeignet.

Informationen zur Titanic

Länge: 269,7 m
Breite: 28,2 m
Höhe: 53,3 m

Höchstgeschwindigkeit: 24 Knoten
(1 Knoten entspricht etwa 1,85 Kilometer pro Stunde)

735 Passagiere in der 1. Klasse
674 Passagiere in der 2. Klasse
1026 Passagiere in der 3. Klasse

885 Besatzungsmitglieder an Bord

31. 03. 1909 Der Bau der Titanic beginnt.
31. 03. 1911 Stapellauf der Titanic
10. 04. 1912 Um 12.15 beginnt die Reise.
14. 04. 1912 Um 23.40 Uhr stößt die Titanic mit dem Eisberg zusammen.
18. 04. 1912 Die geretteten Passagiere kommen um 21.15 Uhr in New York an.

Wie viele Menschen waren insgesamt an Bord des Schiffes?

Wie viele Passagiere waren mehr an Bord als Besatzungsmitglieder?

Wie viele Kilometer legte die Titanic in einer Stunde zurück?

Wie viele Tage und Stunden war die Titanic unterwegs, bis sie mit einem Eisberg zusammenstieß?

36 000 Orangen (180 Kisten)
16 000 Zitronen (50 Kisten)
6 825 Liter Milch
1 200 Liter Sahne
7 000 Köpfe Salat
2,75 t Tomaten
40 t Kartoffeln
40 000 Eier

3 000 Teetassen
1 500 Kaffeetassen
4 500 Suppenteller
12 000 Essteller
1 200 Kaffeekannen
8 000 Wassergläser
8 000 Messer
8 000 Gabeln
5 000 Esslöffel
2 000 Eierlöffel

An Bord der Titanic waren 2,75 t Tomaten zur Verpflegung der Passagiere.
Wie viele Tomaten waren es, wenn eine Tomate durchschnittlich 125 Gramm wiegt?

Wie viele Orangen waren in einer Orangenkiste?

Finde weitere Sachaufgaben zur Titanic.

Internetseiten, die sich mit Mathematik beschäftigen:

www.mathematch.de
www2.bezreg-duesseldorf.nrw.de/schule/mathe/

Auf diesen Seiten kannst du dich informieren:

www.blinde-kuh.de
www.wdrmaus.de
www.milkmoon.de
www.kinder.at

Feuer

❶ Feuerwehr immer einsatzbereit

1996 rückte die Berliner Feuerwehr in 3 Wochen zu 1273 Brandeinsätzen aus. Überschlage die Zahl der Einsätze in einem Monat, in einem Jahr.

❷ In Lübeck will man Fehlalarme bezahlen lassen. 460 Euro werden pro Fehlalarm berechnet. 2 Fehlalarme in 3 Wochen sind der Durchschnitt. Wie viel Euro bringt das zurück, in einem halben Jahr, in einem Jahr?

❸ Wasserbehälter fassen 1200 l oder 1600 l.
Suche Behälter mit ähnlichem Fassungsvermögen.
Feuerlöschkreiselpumpen liefern 1600 l/min oder auch 2000 bis 3400 l/min.

❹ Die Freiwillige Feuerwehr einer Stadt mit 50000 Einwohnern hat 350 Feuerwehrleute, 2 davon sind Frauen.

❺ Eine Standarddrehleiter DLK 23/12 hat 23 m Rettungshöhe bei 12 m Ausladung mit Korb. Reicht sie bis zum Dach eurer Schule?

❻ Feuerwehreinsatz: Ein Protokollauszug

58	Reihenfolge/Kontrollnummer
16. 05. 2000	Datum
20 : 12	Uhrzeit
Kleinbrand –	Ereignis
Marktplatz	Ort
LZ Goch-Mitte	Löschzug Goch-Mitte
TLF 16/25	Tanklastfahrzeug
0 : 18	

57
16. 05. 2000
20 : 09
Techn. Hilfe –
Blitzeinschlag
LG Asperden
LF 8/6
1 : 19

Wie lange dauerte der Einsatz? Vergleicht die beiden Protokolle. Ist die Feuerwehr heute kürzer im Einsatz? Ist die technische Entwicklung der Geräte sehr fortgeschritten?

❼ Nicht nur zum Feuerlöschen wird die Feuerwehr gebraucht. Im Internet kannst du mehr erfahren:
http://www.learn-line.nrw.de/angebote/feuerwehr/
und z.B.: http://www.feuerwehr-goch.de

Wasser

❶ Aquädukt (Wasserleitung) Pont du Gard bei Nimes in Frankreich.

Der obere Bogen des 49 m hohen und 275 m langen Bauwerks trägt den 1,85 m hohen und 1,20 m breiten Wasserkanal. Erbaut ca. 100 v. Chr. versorgte das Aquädukt die Stadt Nemausus über 50 km hinweg mit Trinkwasser bei einem Gefälle von 17 m.

❷ **Tagesprotokoll**

am ______________

Mein Wasserverbrauch

Trinken: 3 l

Waschen: ______________

Toilette: ______________

❸ Meerwasser ist kein Trinkwasser. Es ist salzig. Es ist etwa zusammengesetzt wie 1 Eimer Wasser mit 2 Tassen Salz.

❹ Vergleiche die Daten für den Wasserverbrauch pro Tag. 1000 l gleich 1 Kubikmeter

a) Familie Jürgens mit 4 Personen

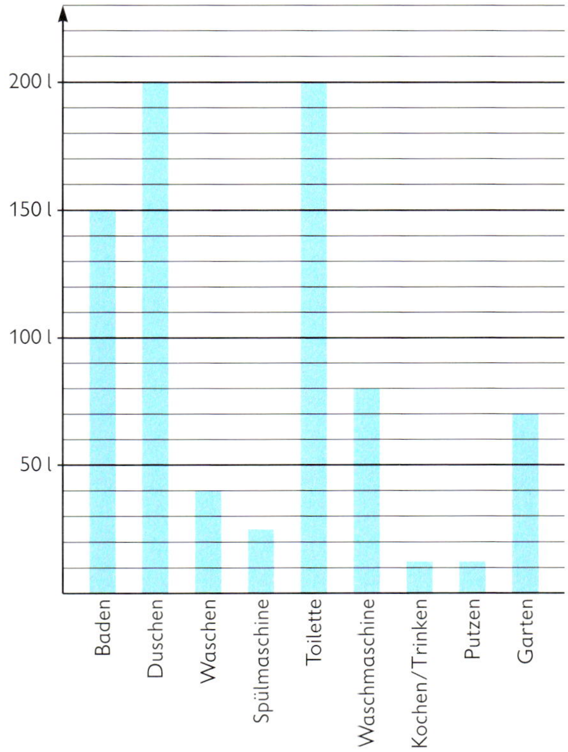

b) Mit einem modernen Wassersparprogramm sieht der Verbrauch bei Familie Ludwig mit 4 Personen so aus:

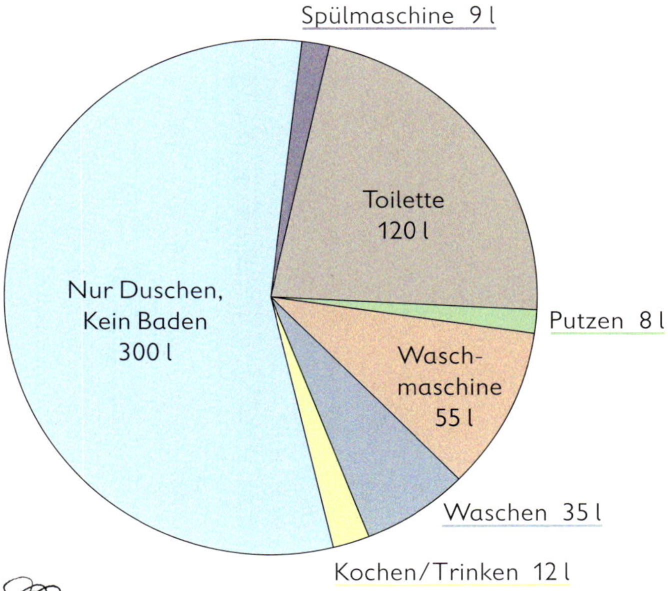

❺ Der Wasserhahn tropft. Das ergibt in 12 Stunden etwa 20 l, in 1 Woche, in 1 Jahr, … Prüfe in einem Experiment, ob diese Angaben zutreffen können. Hast du andere Ergebnisse? Woran könnte das liegen?

❻ Während des Zähneputzens lässt du das Wasser nicht laufen. Am Tag sind 10 l gespart, im Monat, im Jahr? Deine Familie macht es, dein Klasse, alle Schulkinder …

Interview mit einer Architektin

TRAUM WOHNUNG!

Warum sind Sie Architektin geworden?

So mit 16 etwa, da wusste ich schon, dass Architektin der richtige Beruf für mich ist, weil man da beides machen kann: zeichnen und rechnen.

Dürfen Sie sich die Häuser ausdenken?

Die Leute, die ein Haus bauen wollen, haben eine ungefähre Vorstellung, wie ihr Haus aussehen soll. Dazu zeichne ich dann meine Ideen, z. B. mit dem Computer. Gemeinsam entscheiden wir dann, wie das Haus gebaut wird.

Auf dem Plan ist alles viel kleiner als in Wirklichkeit. Wie erkennen die Arbeiter, wie groß sie bauen müssen?

Die Arbeiter bekommen von mir einen Bauplan. Darauf stehen ganz genaue Maßangaben. Auf dem Plan steht auch immer der Maßstab.

Da müssen Sie aber ganz schön viel rechnen.

Das ist richtig. Ich muss auch ausrechnen, wie groß das Haus werden soll und wie groß die einzelnen Zimmer werden sollen. Dann muss ich noch berechnen, wie teuer das Haus ungefähr wird. Und wenn ich mich verrechne, dann wird das Haus z. B. viel zu teuer oder schief, oder ein Kinderzimmer wird zu klein.

Dann waren Sie in der Schule bestimmt gut in Mathe.

Ja, ich habe immer gerne gerechnet. Aber ich habe auch genauso gerne gezeichnet.

Wie lange müssen Sie denn jeden Tag arbeiten?

Also, ich arbeite nicht den ganzen Tag, weil die Kinder noch klein sind. Ich muss mir die Arbeit gut einteilen, alles gut organisieren …

GEHT'S NOCH GENAUER?

Denken Sie beim Bauen auch an die Natur?

Ja, sicherlich! Man darf nicht überall bauen. Wir verwenden viel Baumaterial aus der Natur.

Wie viele Steine braucht man für ein Haus?

Was kostet ein Einfamilienhaus?

Hausbau

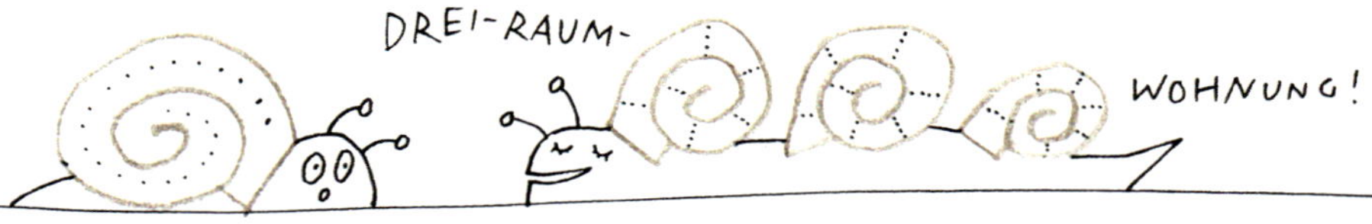

EIN HAUS WIRD GEBAUT

Aufgaben der Architektin

Planung

- Beratung durchführen
- Entwurf zeichnen und besprechen
- Bauplan maßstabgetreu zeichnen
- Baukosten veranschlagen
- Baugenehmigung beantragen
- Organisation erstellen

Ausführung

Die Architektin beauftragt eine Baufirma mit der Durchführung der Arbeit und übernimmt die Bauaufsicht.
Zuerst wird mit Hilfe des Baggers die Baugrube ausgehoben.
Dann können die Handwerker mit der Arbeit beginnen:
Mauerer, Betonbauer, Kaminbauer, Zimmermann, Dachdecker, Tischler, Elektriker, Heizungsbauer, Putzer, Schlosser, Maler.

Bauzeitenplan

			Monat												
Nr.	Leistung	Kosten	6	7	8	9	10	11	12	1	2	3	4	5	6
1.	Erdarbeiten														
2.	Ortbeton														
3.	Fertigteile														
4.	Maurer														
5.	Dachdecker														
6.	Zimmermann														
7.	Fassade														
8.	Estrich														
9.	Putz														
10.	Dämmung														
11.	Schlosser														
12.	Heizung														
13.	Elektroinstallation														
14.	Sanitärinstallation														
15.															
16.	Boden														
17.	Außenanlage														

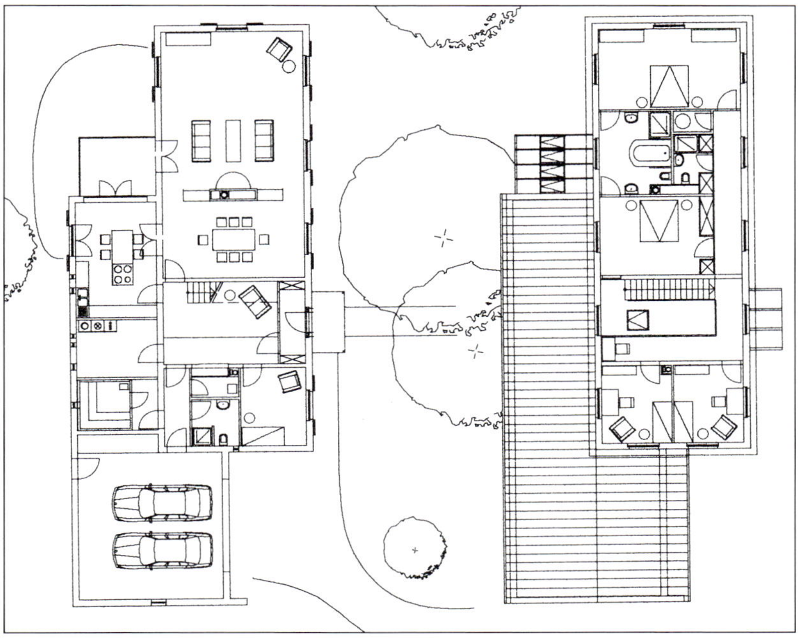

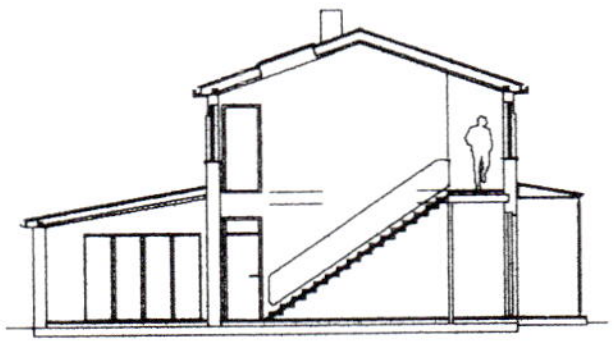

Bei der Innenausstattung sind die Preisunterschiede besonders groß.

Die Grundausstattung für ein **Badezimmer** wird mit ca. 7500 Euro veranschlagt.

1 Quadratmeter Fliesen kostet zwischen 15 Euro und 100 Euro.
Der Preis für eine Badewanne liegt zwischen 110 Euro und 10 000 Euro, für eine Dusche mit Duschabtrennung zwischen 300 und 1400 Euro.
Ein Waschbecken kostet zwischen 75 Euro und 500 Euro, ein Doppelbecken zwischen 750 und 1200 Euro.
Ein WC einschließlich Spülkasten und Sitz kostet 500 Euro bis 1500 Euro.
Spiegelschränke gibt es ab 100 Euro bis ca. 200 Euro.
Für die Armaturen werden 100 Euro bis 500 Euro eingeplant.

Welchen Bodenbelag soll das **Wohnzimmer** haben?

	Preis pro Quadratmeter
Teppich:	30 Euro bis 120 Euro
Parkett:	45 Euro bis 130 Euro
Laminat:	35 Euro bis 70 Euro
Marmor:	60 Euro bis 400 Euro

(Preise inklusive Verlegung)

An der Tankstelle

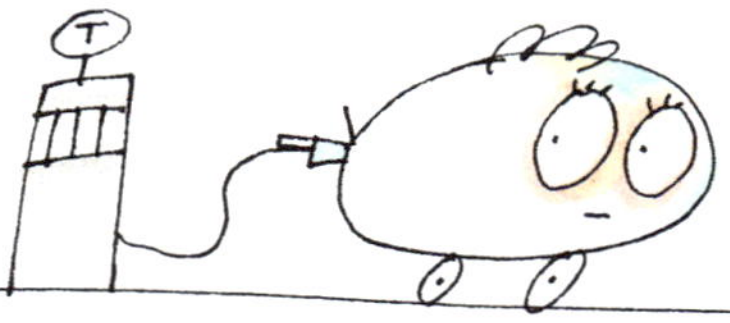

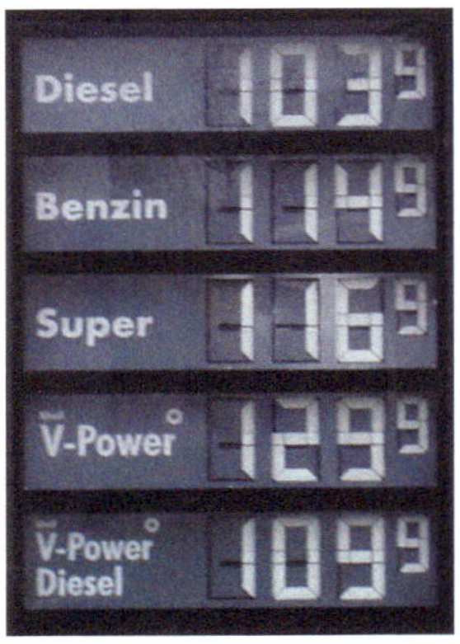

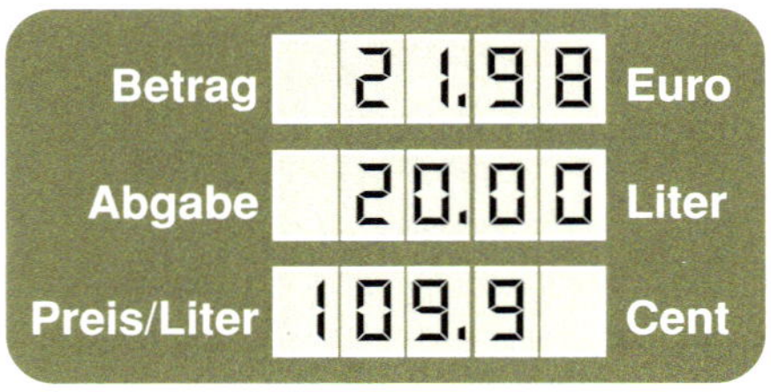

1 Beim Tanken hast du schon oft gesehen, wie sich die Räder der Zählwerke drehen. Mutter wird heute 40 l tanken. Welcher Preis wird dann angezeigt?

2 Um wie viel € ändert sich der Preis pro Liter Kraftstoff? Wie viel € würden 15 l, 20 l, 24 l, 30 l, 32 l, 38 l, 45 l, 60 l dieses Kraftstoffs ungefähr kosten? Lege eine Tabelle an. Wähle eine geschickte Reihenfolge für die Berechnung.

3

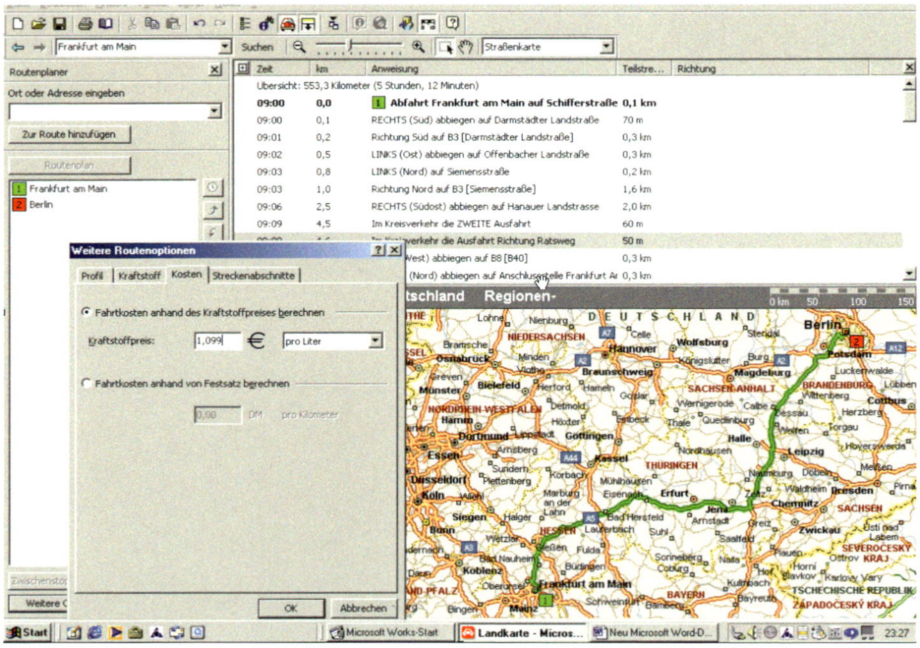

Vater fährt dienstlich von Frankfurt (Main) nach Berlin. Mithilfe des Routenplaners wählt er eine „schnelle Route" über die Autobahn. „Wenn bei Beginn der Reise der Tank mit 60 l voll ist und ich in Berlin nicht fahre," überlegt er, „reicht der Kraftstoffvorrat auch für die Rückfahrt. Auf der Autobahn brauche ich 6 l, in der Stadt 8 l je 100 km."

Was meinst du dazu?

Überschlage den Kraftstoffverbrauch und die Kosten.

4 Mutter benutzt das Auto vorwiegend im Stadtverkehr. Der Tank ihres Autos fasst 45 l. Wenn der Treibstoffvorrat nur noch für 30 km reicht, leuchtet die Reserveanzeige auf. Wie viel km kann sie ungefähr vom Volltanken bis zu diesem Moment fahren?

5 Die Klasse 4 a plant einen Ausflug zum Freilichtmuseum. Der Eintritt in das Museum kostet pro Person 1,75 €. Die Busfahrt dauert in jeder Richtung fast 2 Stunden. Die 28 Kinder werden von ihrer Lehrerin, Frau Schmidt und einer Mutter begleitet. Die Kosten werden auf alle Teilnehmer gleichmäßig umgelegt. Frau Schmidt sammelt insgesamt 462 € ein. Am Nachmittag sollen alle ein Eis bekommen. Wie viel darf das Eis pro Person kosten? Was wäre, wenn Klasse 4 b (26 Kinder + 2 Begleiter) mitfahren würden? Finde eigene Aufgaben.

Anzahl der Plätze	Preis €
35	367,50
40	460,00
60	609,00

Klassenfest

1 Zuerst schreiben wir auf, woran wir denken müssen.

2 Wie viele Personen nehmen an der Feier teil, wenn jedes Kind zwei Gäste mitbringt?

3 Janina und Max möchten Obstsalat zubereiten. Sie dürfen höchstens 20 € ausgeben.
Die Kinder entscheiden sich für eine Mischung aus Bananen, Äpfel, Birnen, Orangen und Erdbeeren.

Preisliste

	Preis €/kg
Äpfel	1,49 €
Bananen	1,36 €
Birnen	2,65 €
Orangen	1,98 €
Aprikosen	2,98 €
Trauben	2,79 €
Erdbeeren	3,99 €
Pfirsiche	2,20 €

a) Wie viele Früchte kaufen sie von den einzelnen Sorten?

b) Wie viel Obstsalat können sie herstellen?

c) Für wie viele Personen reicht dieser Obstsalat, wenn die Kinder Portionen zu je 200 g machen?

d) „Wenn wir die günstigsten Obstsorten nehmen, können wir eine größere Menge Obstsalat herstellen.“ sagt Naomi.

e) Timo schlägt vor, nur die drei günstigsten Obstsorten zu verwenden. Wie viel kg Obstsalat sind dann möglich? Reicht der Obstsalat für alle, wenn die Kinder Portionen zu je 100 g machen?

4 Von einem Apfel, der 100 g wiegt, sind ca. 75 g verwertbar. Eine Banane wiegt ca. 180 g, ihre Schale 80 g. Gib für Aufgabe 3 an, wie viel Verlust an Gewicht dadurch ungefähr entsteht.
Überlege auch, wie viel von den anderen Obstsorten verwertbar ist.
Bei welcher Frucht ist der Abfall am geringsten?

5 Wie viele Kuchen werden benötigt, wenn jeder zwei Stücke bekommt?

6 Pro Person kalkuliert man $\frac{1}{2}$ Liter Getränke (Mineralwasser/Saft).
Mineralwasser wird in 1,5 l-Flaschen geliefert, Saft in 1 l-Flaschen.

Ferien

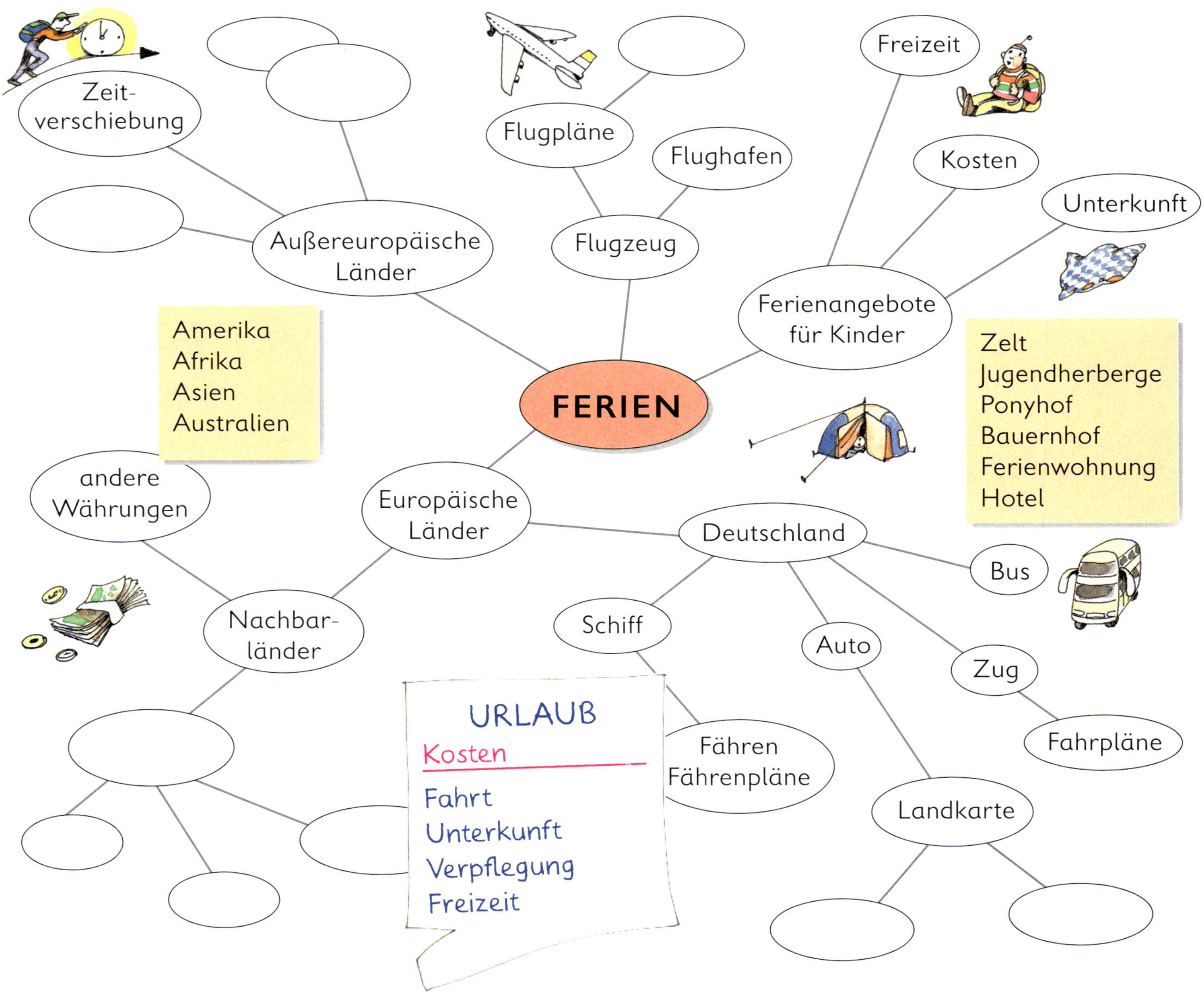

Was macht dich neugierig? Woran möchtest du arbeiten? Entscheide dich für einen der Vorschläge oder formuliere ein eigenes Vorhaben möglichst genau.
Beachte die Anregungen auf dem Lesezeichen.

Der Urlaub für die ganze Familie darf höchstens 2000 Euro kosten.

Ich möchte herausfinden …

Wie weit komme ich für 500 Euro?

Ich träume von einer Reise nach …

In weniger als 10 Stunden am Ziel sein

Informationsquellen:
- Atlas
- Internet
- Sachbücher
- Zeitschriften
- Eltern und Geschwister
- Freunde
- Experten (z. B. im Reisebüro)

Hinweise hierzu:
- Sportverein
- Gemeinde
- …

Pläne

Informiere dich unter:
http://www.bauernhofurlaub.de
wo es in Deutschland Bauernhöfe gibt, die Familien als Feriengäste aufnehmen.

1 Die Fahrt mit dem Auto zum Urlaubsziel soll nicht mehr als 6 Stunden dauern. Für die Unterkunft will die Familie (2 Erwachsene, 2 Kinder) nicht mehr als 850 € ausgeben.

2 Wandern oder im Meer baden?
Ninas Familie (Eltern, Nina und ihre dreijährige Schwester) wählt zwischen einem Ferienhof in Niedersachsen und einem Angebot aus Baden-Würtemberg.

Bad Peterstal, Schwarzwald
Schön gelegener Bauernhof

Die Ferienwohnung ist 65 qm groß und bietet Platz für 2–5 Personen
2 Personen 32 € pro Tag
jede weitere Person 4 € pro Tag

Ferien an der Nordsee
2 km vom Strand entfernt liegt unser Hof. Dort gibt es Kühe, Kälbchen, Kaninchen, Hunde, Kätzchen und ein Pony.
Ab 31 € pro Übernachtung bei 2 Personen,
jede weitere Person 5 €.

Berechne jeweils:
- die ungefähre Entfernung von deinem Wohnort aus,
- die Reisedauer mit dem Auto und
- die Kosten für den Kraftstoff sowie
- die Kosten für die Unterkunft.

3 Für die Verpflegung kalkuliert Mutter pro Tag 40 €.

4 Für Freizeitvergnügen plant die Familie 200 € ein.

5 Welche Sehenswürdigkeiten gibt es in der Nähe deines Urlaubsortes?
Die Entfernung soll nicht mehr als 30 km betragen.
Wie weit ist es bis zum nächsten Freibad?

6 Ali und Tugba reisen in den Ferien zu Oma und Opa.

Tugba

Wir fliegen von Düsseldorf nach Istanbul in nur 2 Stunden 45 Minuten. Nach Antalya dauert der Flug von Düsseldorf 3 Stunden 15 Minuten.

Ali

Die Fahrzeit mit dem Auto beträgt 3 Tage. Wir überfahren fünf Grenzen. Da gibt es lange Wartezeiten. Die Fähre von Brindisi nach Izmir braucht 32 Stunden.

Gleichungen

$25000 - x = 15500$

$x = 9500$

$8 \cdot x = 32$

$x = 4$

1

$150 + x = 275$
$1275 + x = 2100$
$24500 + x = 50000$
$560000 + x = 1000000$

2

$615 - x = 450$
$5420 - x = 3370$
$88888 - x = 77777$
$900000 - x = 450000$

3

$x + 800 = 3500$
$x + 1234 = 11234$
$x + 45500 = 90000$
$x + 250000 = 750100$

4

$9 \cdot x = 72$
$4 \cdot x = 240$
$30 \cdot x = 1800$
$50 \cdot x = 50000$

5

$81 : x = 9$
$560 : x = 80$
$3600 : x = 60$
$80000 : x = 40$

6

$x \cdot 11 = 44$
$x \cdot 7 = 210$
$x \cdot 40 = 1200$
$x \cdot 300 = 15000$

7

$x : 8 = 5$
$x : 30 = 120$
$x : 60 = 2400$
$x : 100 = 10000$

8

$x \xrightarrow{+5} \_\_ \xrightarrow{\cdot 4} 36$

$x \xrightarrow{:7} \_\_ \xrightarrow{\cdot 8} 24$

$x \xrightarrow{-50} \_\_ \xrightarrow{:9} 50$

$x \xrightarrow{\cdot 80} \_\_ \xrightarrow{+40} 600$

9

$x \xrightarrow{\cdot 4} \_\_ \xrightarrow{+8} \_\_ \xrightarrow{:5} 4$

$x \xrightarrow{+10} \_\_ \xrightarrow{\cdot 5} \_\_ \xrightarrow{-10} 90$

$x \xrightarrow{:8} \_\_ \xrightarrow{+11} \_\_ \xrightarrow{\cdot 7} 140$

$x \xrightarrow{+500} \_\_ \xrightarrow{:6} \_\_ \xrightarrow{+11} 111$

10

Naomi
Ich denke mir eine Zahl x. Wenn ich 500 addiere, erhalte ich 1000.
$x \xrightarrow{+500} 1000$

Tom
Wenn ich meine Zahl x mit sich selbst multipliziere, erhalte ich 49.

Mathilde
Wenn ich von 600 eine Zahl x subtrahiere, erhalte ich 125.

Lisa
Wenn ich eine Zahl x mit 2 multipliziere, erhalte ich eine gerade Zahl.
War x auch eine gerade Zahl?

Erik
Wenn ich 1500 durch meine Zahl x dividiere, erhalte ich 50.

Gleichungen lösen; eigene Aufgaben finden; Ketten lösen

Ungleichungen

$48 - x > 44$

Die Lösungen für x sind:
0, 1, 2, 3

$5 \cdot x < 31$

Die Lösungen für x sind:
0, 1, 2, 3, 4, 5, 6

$x + 125 < 200$

Die Lösungen für x sind:
0, 1, 2, …, 74

Welche Lösungen findest du für x?

1
$26 + x > 33$
$150 + x > 200$
$4\,050 + x > 4\,060$
$12\,200 + x < 13\,000$

2
$87 - x > 80$
$350 - x < 250$
$9\,110 - x > 9\,101$
$34\,600 - x < 40\,000$

3
$x + 45 < 50$
$x + 100 < 120$
$x + 2\,460 < 2\,475$
$x + 33\,000 < 35\,000$

4
$x - 70 < 7$
$x - 300 < 100$
$x - 5\,000 < 6\,000$
$x - 11\,111 < 111$

5
$7 \cdot x < 43$
$8 \cdot x < 64$
$40 \cdot x < 250$
$100 \cdot x < 7\,000$

6
$6 \cdot x < 28$
$3 \cdot x < 21$
$10 \cdot x < 222$
$9 \cdot x < 100$

7
$x \cdot 5 < 44$
$x \cdot 30 < 92$
$x \cdot 120 < 610$
$x \cdot 2\,500 < 10\,000$

8
$x \cdot 4 < 25$
$x \cdot 11 < 56$
$x \cdot 2 < 1\,000$
$x \cdot 500 < 10\,000$

< oder > oder =?

9
$8\,100 + 900 \quad 9\,100$
$7\,050 + 650 \quad 7\,600$
$4\,221 + 179 \quad 4\,400$
$6\,280 + 1\,950 \quad 7\,700$

10
$12\,260 - 7\,450 \quad 7\,450$
$21\,300 - 14\,500 \quad 6\,800$
$40\,000 - 29\,150 \quad 10\,000$
$32\,500 - 22\,600 \quad 9\,900$

11
$60 \cdot 40 \quad 2\,400$
$150 \cdot 20 \quad 3\,000$
$640 \cdot 7 \quad 4\,300$
$550 \cdot 11 \quad 6\,020$

12 Wähle Zahlen und schreibe Aufgaben.

100 630 90 213 11 33 132 7 528 48 2400 4800 1700 4

$132 + 100 < 528$
$7 \cdot 90 = 630$
$11 + 48 + 630 > 528$
$100 : 4 > 11$

Brücken verbinden

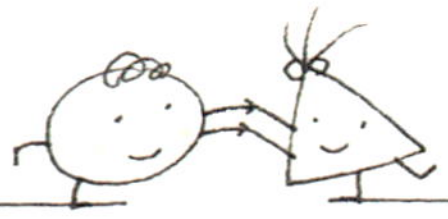

Die erste Brücke über den Rhein entstand 310 n. Chr. bei Köln und war 400 m lang und 10 m breit. Nach 1400 Jahren brückenloser Zeit verband 1829 eine Schiffsbrücke die beiden Ufer. Sie war aufklappbar.

Die erste feste Rheinbrücke seit der römischen Zeit wurde von 1855 bis 1859 für den Straßenverkehr gebaut. 1907 bis 1911 folgte an der gleichen Stelle die Hohenzollernbrücke.

Der Künstler Ernst Ludwig Kirchner malte 1914 das Bild „Rheinbrücke".

Was fällt dir auf?
Was war dem Künstler wichtig zu zeigen?

1945 waren alle 5 Kölner Rheinbrücken zerstört. Nach dem Krieg wurde die Fachwerk-Bogenbrücke wieder aufgebaut.

Heute hat die Stadt Köln 8 Rheinbrücken, die zum Teil aus Vorgängerbauten entstanden sind. Brückenforscher finden weitere wichtige Informationen in Büchern, Zeitschriften, Lexika und im Internet: www.z-m.com/bruckeng.htm

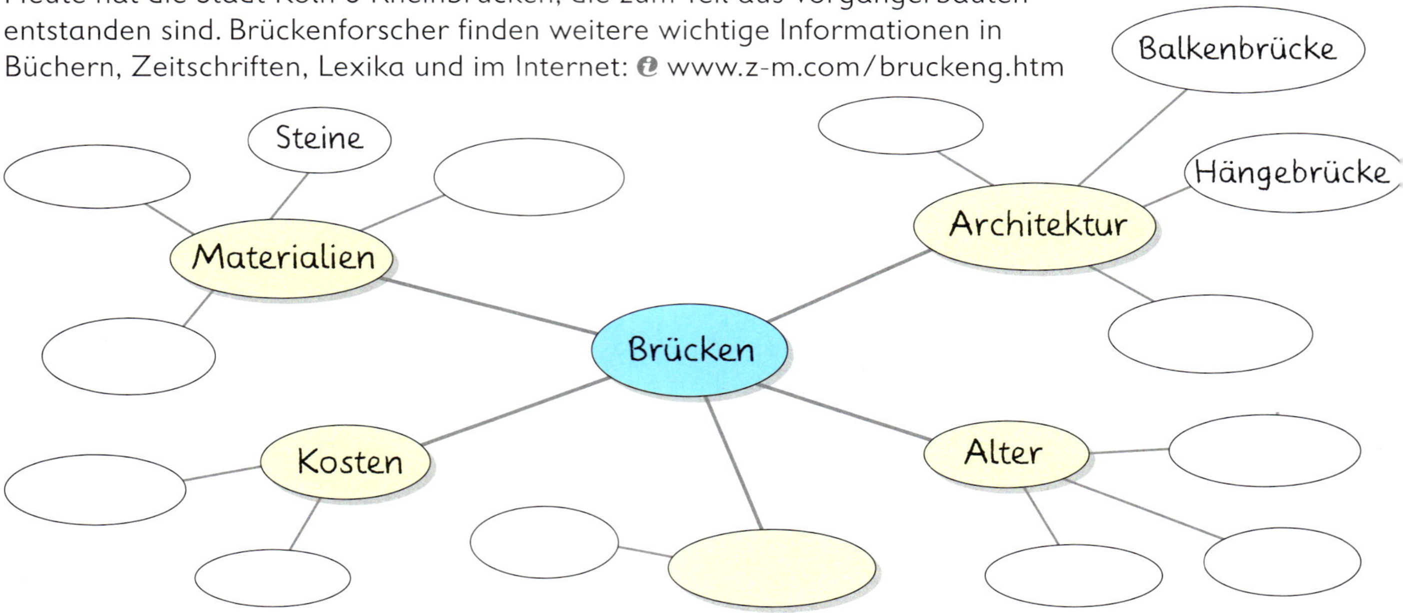

Ernst Ludwig Kirchner (1880 – 1938), „Rheinbrücke" (1914), Öl auf Leinwand (120 x 91 cm)

Brücken erzählen Geschichten

<u>Deutzer Brücke früher</u>

erbaut: 1913 bis 1915
Länge: 368,92 m
Nutzbreite: 18,20 m
Stahlgewicht: 8 263 t
zusätzlich für eine
Verbreiterung: 1 442 t
Kosten: 7,80 Mill. Reichsmark

<u>Deutzer Brücke heute</u>

1947 bis 1948 an alter Stelle
neu erbaut
Länge: 437,31 m
Nutzbreite: 20,60 m
Stahlgewicht: 5 760 t
Kosten: 5,75 Mill. Reichsmark
und 2,4 Mill. DM

1976 bis 1980 wurde die Deutzer Brücke auf eine Nutzbreite von 32,60 m verbreitert. Die Brücke wurde durch eine 400 t schwere Stahlkonstruktion ergänzt. Der Umbau kostete die Stadt Köln 8 Millionen DM.

Wie die Severinsbrücke in Köln ist auch die Autobahnbrücke Köln-Merkenich – Leverkusen eine Schrägseilbrücke. Sie ist 686 m lang und wurde 1965 fertig-gestellt.

Severinsbrücke

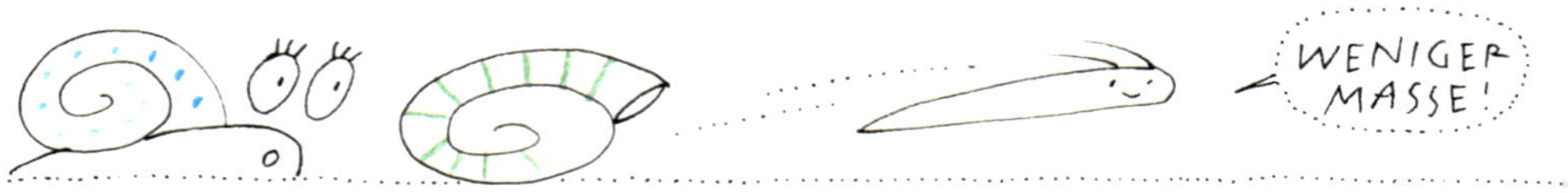

Schnell oder langsam?

Geschwindigkeiten

Licht	1 079 252 849 km/h (rund 300 000 km pro Sekunde)
Erdumdrehung	40 000 km pro Tag (rund 1667 km/h)
Verkehrsflugzeug	850 km/h
Formel 1-Rennwagen	430 km/h
Pferd	70 km/h
Spatz	35 km/h
Elefant	15 km/h
Mensch (Schnellläufer auf einer Strecke von 100 m)	37 km/h
Mensch (Wanderer)	4 km/h
Riesenschildkröte	330 m/h
Weinbergschnecke	3,20 m/h

Wie lang ist dein Schulweg?

Welche Zeit brauchst du, um ihn zurückzulegen?

Wie schnell wärst du an der Schule, wenn du ihn im „Schnellläufertempo“ bewältigen könntest?

aus den Baumschutzvorschriften der Stadt Essen:

... Geschützt sind alle Bäume, die in 1 Meter Höhe über dem Boden einen Umfang von mehr als 60 cm haben. ...

Findet heraus, welche Bäume in der Nähe eurer Schule geschützt sind.

Macht einen Plan über die Lage der geschützten Bäume.

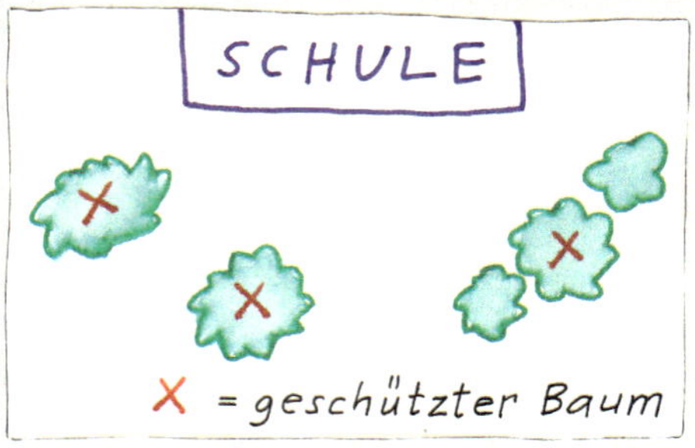

Leicht oder schwer?

1 kg Federn

1 kg Eisen

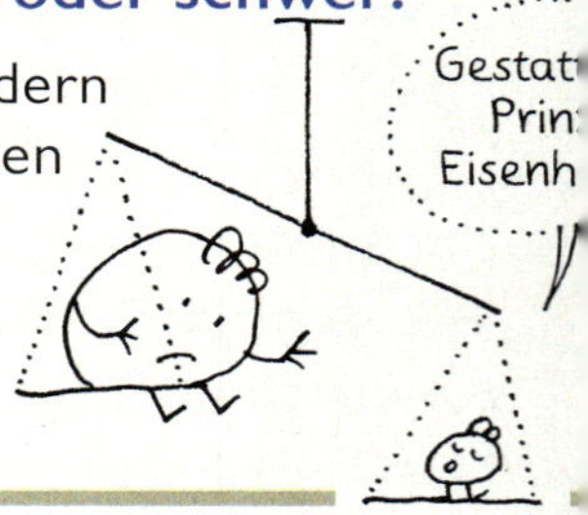

Klein oder groß?

Blatt	Länge	Breite
DIN-A 0		
DIN-A 1		
DIN-A 2		
DIN-A 3	420 mm	
DIN-A 4	297 mm	210 mm
DIN-A 5	210 mm	148 mm
DIN-A 6	148 mm	105 mm
DIN-A 7		74 mm
DIN-A 8		

Knacknüsse

1 **a)** Finde die Regel dieser Ketten heraus.

5 — 2 — 7 — 9 — 16 8 — 7 — ◯ — ◯ — 37

b) Finde die fehlenden Zahlen.

10 — 5 — ◯ — 20 — ◯ 20 — 10 — ◯ — ◯ — ◯

◯ — ◯ — 24 — ◯ — ◯ 2 — ◯ — ◯ — 10 — ◯

c) Finde eigene Zahlenketten.

d) Finde verschiedene Anfangszahlen, die immer zur Zielzahl 100 führen.

e) Welches ist die kleinste mögliche Zielzahl, welche die größte?

f) Kannst du jede Zielzahl erreichen, oder gibt es eine Zielzahl die du nicht erreichen kannst?

2 Stelle dir acht Würfel vor, sieben davon sind gleich schwer, einer ist etwas leichter.

Wie oft musst du wiegen, um den leichteren herauszufinden?

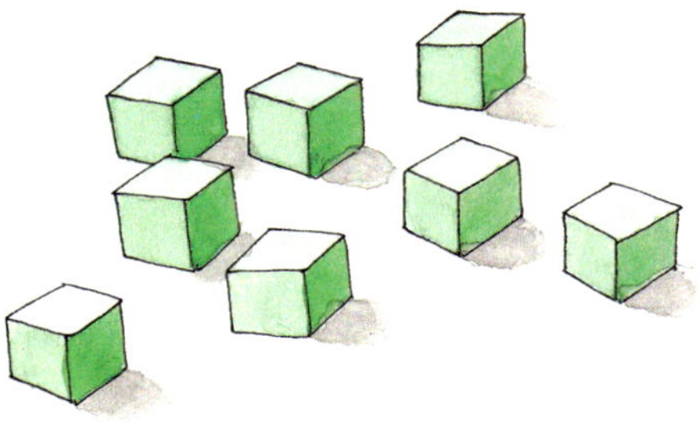

3 Wie dreht sich das letzte Zahnrad?

4 Setze passende Rechenzeichen ein.

1 = 1
2 2 = 1
3 3 3 = 1
4 4 4 4 = 1
5 5 5 5 5 = 1
6 6 6 6 6 6 = 1
7 7 7 7 7 7 7 = 1
8 8 8 8 8 8 8 8 = 1
9 9 9 9 9 9 9 9 9 = 1
10 10 10 10 10 10 10 10 10 10 = 1

Das Jahr – die Jahreszeiten

1

Piero Manzoni, 156 BM Calendario, 1959

On Kawara, Date Painting, Oct.8,1994

Ein besonderes Datum?
Wie viele Jahre, Monate liegt es zurück?

7 Tage = 1 Woche

1 Tag = 24 Stunden

Ein Tag im September!
Was geschah bei dir vor 365 Tagen?

1 Jahr = 12 Monate

1 Jahr = 52 Wochen

2 Mache eine eigene Zeitleiste, trage wichtige Ereignisse ein.
Wie viel Zeit liegt dazwischen?
Befrage deine Familie, Freunde.

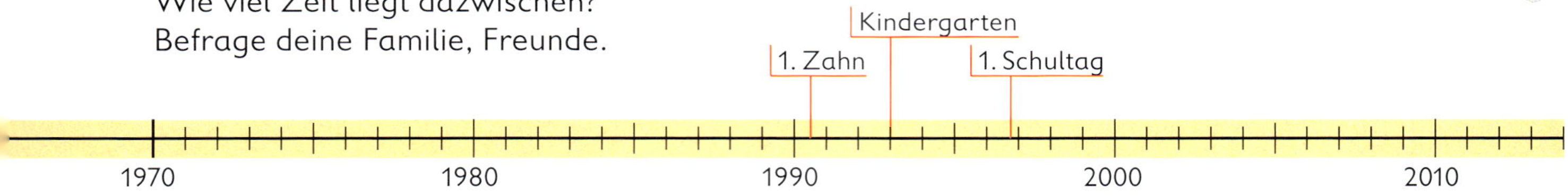

3

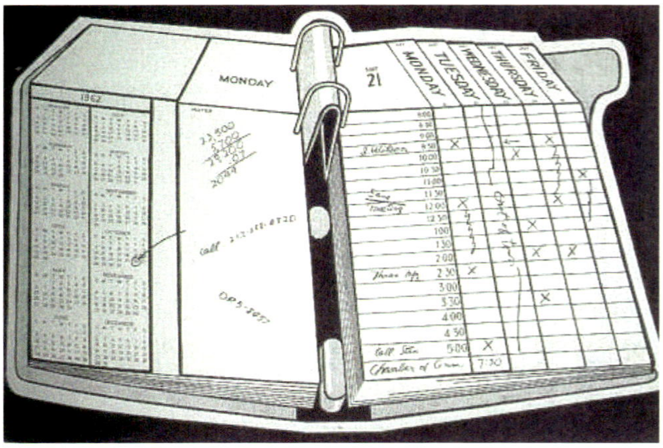

Roy Lichtenstein, Calendar, 1962

Hast du auch einen Kalender?

Wie viele Ferientage hattest du in diesem Jahr?
Notiere die Ferientage deiner bisherigen Schulzeit, wie viele Monate waren es?

Erinnerst du dich an deine ersten Schulferien?
Verbringst du diese Zeit nun anders?

Piero Manzoni (1933–1963); On Kawara (1933); Roy Lichtenstein (1923)

4 Ein Jahr hat 365 Tage und 6 Stunden, nach dem Umlauf der Erde um die Sonne.

Alle vier Jahre gibt es deshalb ein Schaltjahr. Manche Kinder warten besonders auf den 29. Februar, auf ein Jahr mit 366 Tagen.

Wann war das letzte Schaltjahr?
Wann wird das nächste sein?
Nimm einen Kalender zuhilfe.

2004	Januar	Februar	März
Mo	5 12 19 26	2 9 16 23	1 8 15 22 29
Di	6 13 20 27	3 10 17 24	2 9 16 23 30
Mi	7 14 21 28	4 11 18 25	3 10 17 24 31
Do	1 8 15 22 29	5 12 19 26	4 11 18 25
Fr	2 9 16 23 30	6 13 20 27	5 12 19 26
Sa	3 10 17 24 31	7 14 21 28	6 13 20 27
So	4 11 19 25	1 8 15 22 29	7 14 21 28

2005	Januar	Februar	März
Mo	3 10 17 24 31	7 14 21 28	7 14 21 28
Di	4 11 18 25	1 8 15 22	1 8 15 22 29
Mi	5 12 19 26	2 9 16 23	2 9 16 23 30
Do	6 13 20 27	3 10 17 24	3 10 17 24 31
Fr	7 14 21 28	4 11 18 25	4 11 18 25
Sa	1 8 15 22 29	5 12 19 26	5 12 19 26
So	2 9 16 23 30	6 13 20 27	6 13 20 27

2006	Januar	Februar	März
Mo	2 9 16 23 30	6 13 20 27	6 13 20 27
Di	3 10 17 24 31	7 14 21 28	7 14 21 28
Mi	4 11 18 25	1 8 15 22	1 8 15 22 29
Do	5 12 19 26	2 9 16 23	2 9 16 23 30
Fr	6 13 20 27	3 10 17 24	3 10 17 24 31
Sa	7 14 21 28	4 11 18 25	4 11 18 25
So	1 8 15 22 29	5 12 19 26	5 12 19 26

5 Die Anzahl der Tage der einzelnen Monate sind unterschiedlich!
Entdeckst du Regelmäßigkeiten?
Kennst du noch die „Knöchelregel"?

6 Tag und Nacht dauern zu den verschiedenen Jahreszeiten verschieden lang.
Mithilfe der Schaubilder findest du Erklärungen.

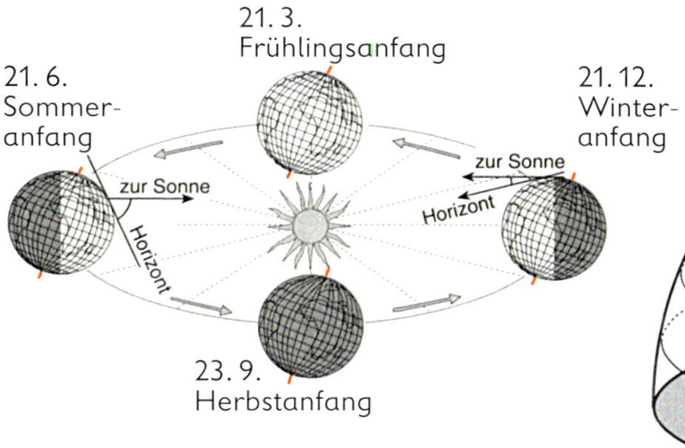

Von März bis September wird die nördliche Erdhälfte mehr von der Sonne beschienen, von September bis März die südliche Hälfte.

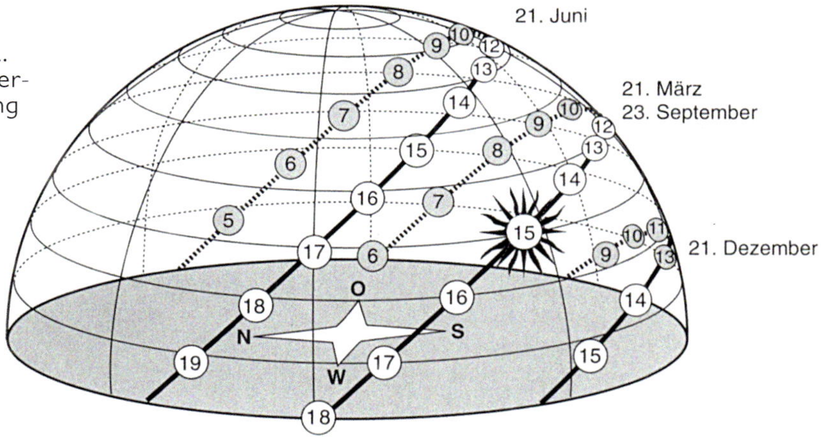

Hier sind die Sonnenbahnen eingezeichnet, die du zu den angegebenen Tagen in Deutschland siehst.

7 Gestalte Kalenderblätter zu besonderen Daten in deinem Leben.

a) Wie lange liegen die Ereignisse zurück?

b) Wie viel Zeit vergeht noch bis zum Jahresende?

c) In wie vielen Tagen, Stunden oder Minuten wirst du deine Schule verlassen?

Brot und Getreide haben eine Geschichte

Vor etwa 4000 bis 5000 Jahren wurde in Europa und Asien schon Getreide angebaut: Hirse, Hafer, Gerste, Reis, Weizen. Brei und Fladen wurden aus Getreide zubereitet.

Vor ungefähr 2000 Jahren begannen die Ägypter Brot zu backen. Das Brot gilt als Grundnahrungsmittel. Seit 2800 bis 3000 Jahren ist der Roggen bekannt. Seit der Entdeckung Amerikas ist der Mais auch in Europa bekannt.

1 Forscheraufgaben

- Die Anzahl der Körner pro Ähre vermuten
- die Anzahl der Körner pro Ähre ermitteln
- die Ähren beschreiben und vergleichen
- Informationen über Getreide besorgen (Bilder, Geschicht, Herkunft, Nährstoffe usw.)

2 Schreibe weitere Aufgaben für die Sachrechenkartei.

Roggen-Weizen-Semmeln

250 g Roggenmehl (Typ 1150)
250 g Weizenmehl (Typ 405 oder 505)
42 g Hefe, 1 TL Salz, 1 TL Zucker
$\frac{1}{4}$ l Milch, 20 g Butter, Körner

In einer Schüssel Mehl, Salz und die weiche Butter vermischen, in die Mitte eine Vertiefung, da hinein die erwärmte Milch mit Zucker und der zerbröckelten Hefe. Warm zugedeckt gehen lassen, dann durchkneten, nochmal gehen lassen. 15 Brötchen formen, auf ein Backblech legen und mit Körnern bestreuen. Backzeit: ca. 20 Minuten, 200–220 Grad

Arbeitsplatz Bäckerei

In Deutschland backen cie Bäcker viele Sorten Brot und Brötchen.

Marie hat viele Fragen:

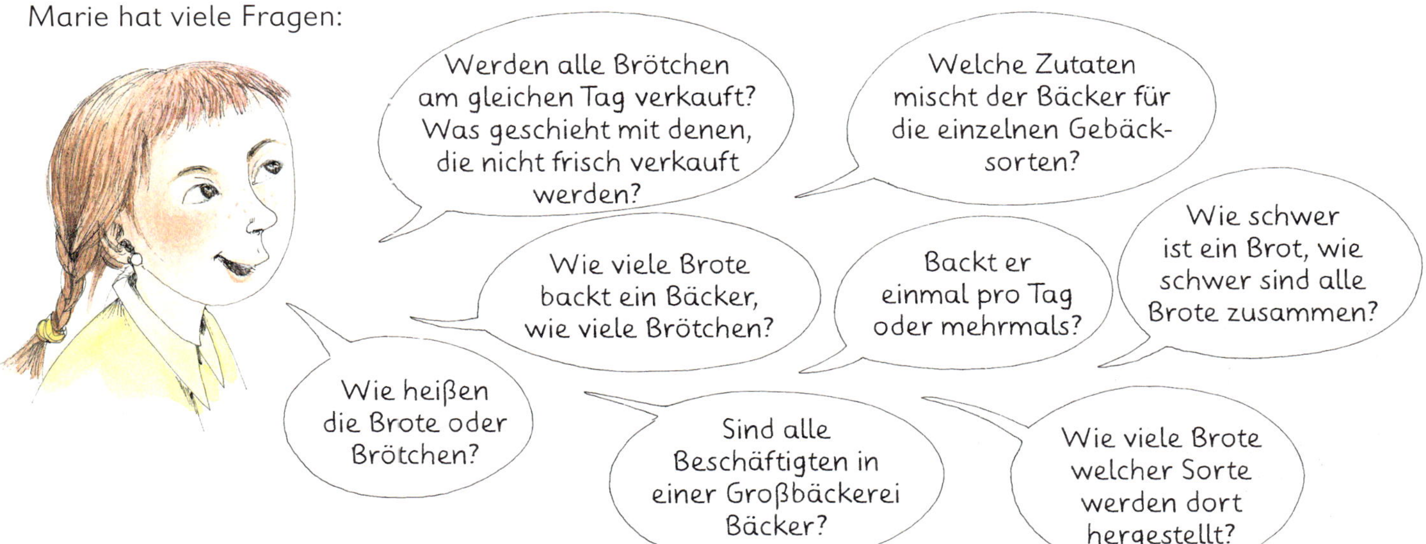

Habt ihr noch andere Fragen?

In den Bergen

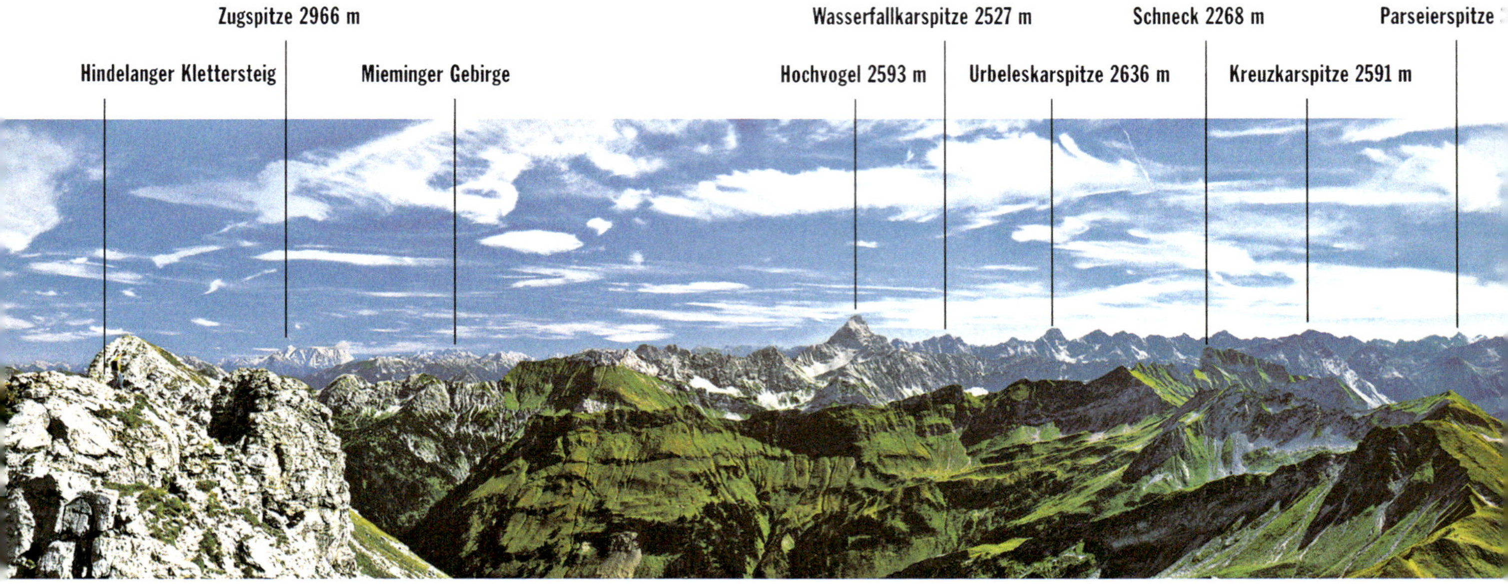

❶ Was sind die fünf höchsten Gipfel?

❷ Kennst du andere Berge und ihre Höhen? Vergleiche.

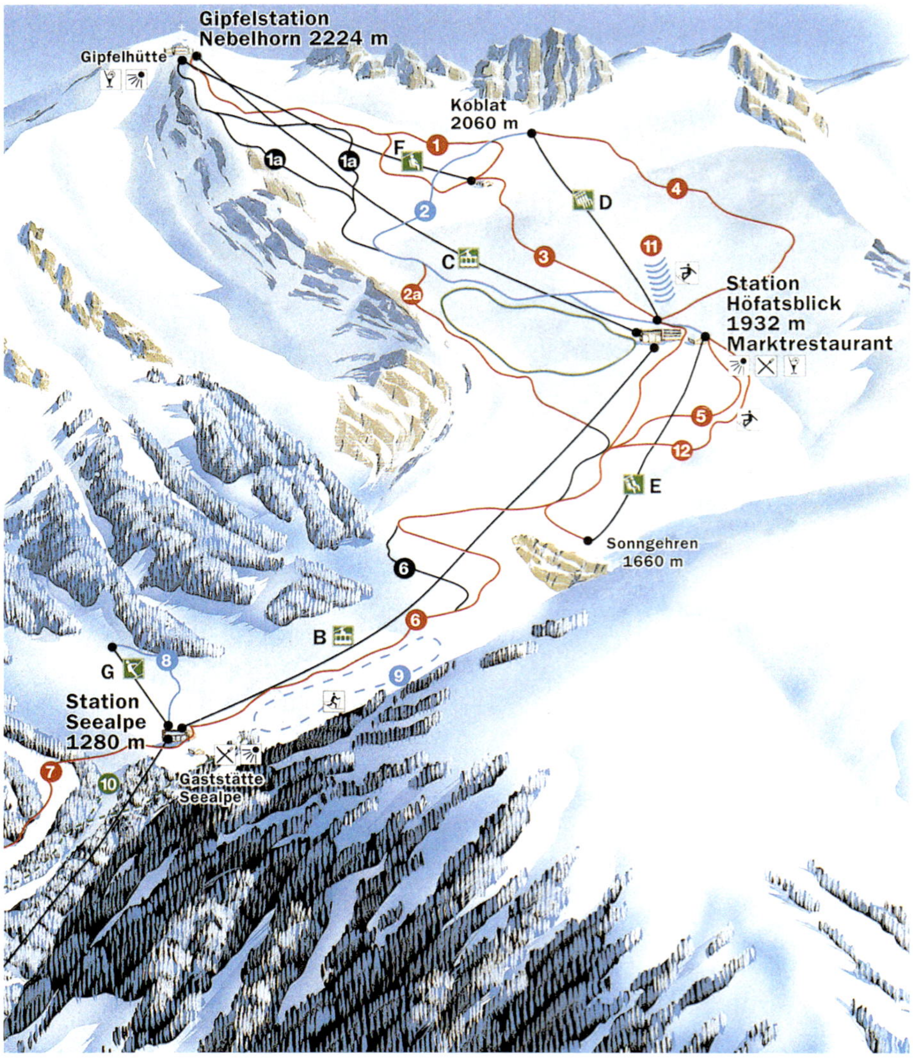

Abfahrten – Längen

- **1** Nebelhorngipfel 800 m
- **1a** Super-Buckelpiste 700 m
- **2** Koblat-Gipfelmulde 500 m
- **2a** Gipfelmulde-Sonngehren 1500 m
- **3** Koblat-Lifttrassen 900 m
- **4** Koblat-Pfannenhölzle 900 m
- **5** Sonnengehren 750 m
- **6** Station Höfatsblick-Seealpe 3000 m
- **7** Seealpe-Talstation 3000 m

leicht mittel schwer

❸ Über die Abfahrten 1, 2, 2a, 6 und 7 kann man vom Gipfel bis zur Talstation fahren.
Es ist die längste Talabfahrt Deutschlands.

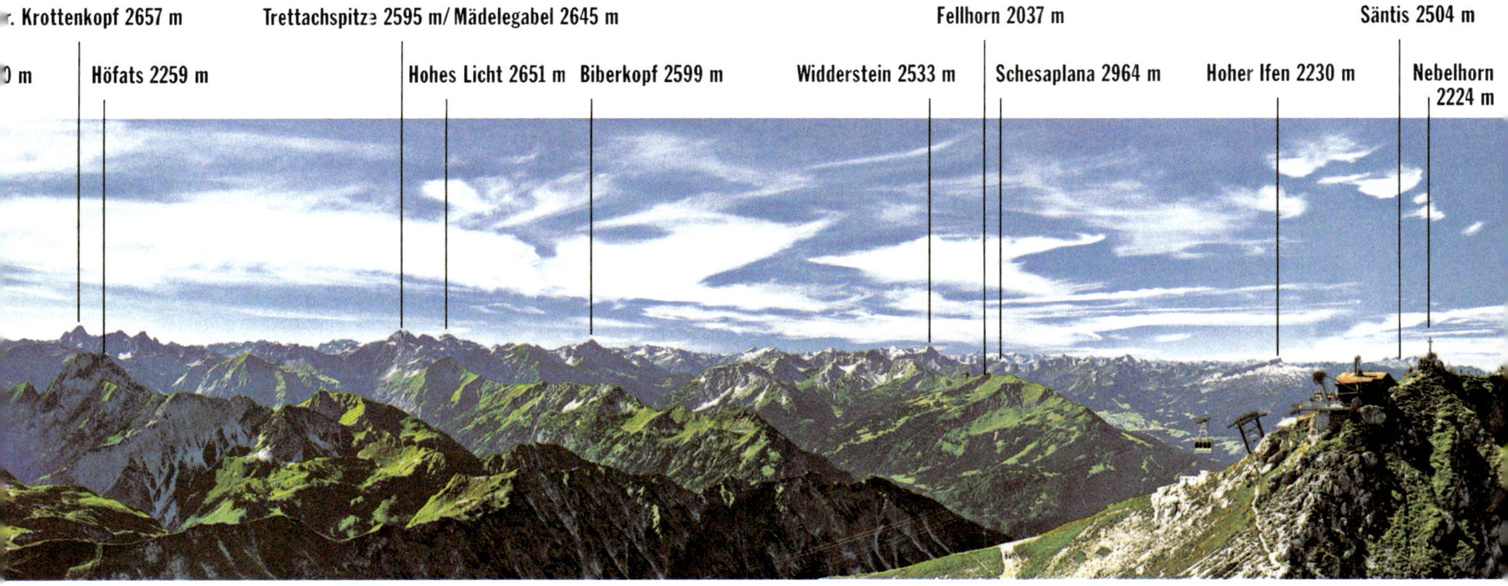

PREISLISTE (Alle Preise in Euro)

	Erwachsene	Kinder (6–15 Jahre)
Skikarte		
ganztägig	28	16
halbtägig ab 12 Uhr	24	13
halbtägig ab 13 Uhr	22	12
Familien-Skikarte		
2 Erwachsene, 1 Kind		
ganztägig	57	
halbtägig ab 12 Uhr	50	
halbtägig ab 13 Uhr	48	
1 Erwachsener, 1 Kind		je weiteres Kind
ganztägig	38	7
halbtägig ab 12 Uhr	34	6
halbtägig ab 13 Uhr	32	5
Zeit-Skikarte		
Grundpreis	29	17
bei Rückgabe an der Talkasse zurück:		
innerhalb 2 Stunden	9	7
innerhalb 3 Stunden	7	5
innerhalb 4 Stunden	4	3
Mehrtages-Skikarte		
2 Tage	51	31
3 Tage	73	46
2 Erwachsene 1 Kind		je weiteres Kind
bei 2 Tage	116	22
bei 3 Tagen	162	32
Karten für Gäste		
ohne Skiausrüstung bis zur Gipfelstation	22	13

Skifahren am Nebelhorn

4 Familie Zech hat eine Woche Skiurlaub im Nebelhorngebiet gemacht. Mit den beiden Kindern (5 und 9 Jahre) sind sie von Montag bis Samstag ganztägig Ski gefahren.

a) Wie hoch war der Preis für die Liftkarten?

b) Was hätten sie für Halbtageskarten ausgegeben?

5 An einem Samstag kaufen 278 Erwachsene in der Zeit von 8.30 Uhr bis 11.00 Uhr eine Ganztageskarte. 85 Gäste ohne Skiausrüstung wollten mit der Bergbahn zur Gipfelstation.

6 An einem Schlechtwettertag haben 138 Erwachsene ihre Zeit-Skikarte nach 3 Stunden an der Talkasse zurückgegeben.

7 Eine Jugendgruppe (25 Personen bis 15 Jahre alt) möchte Liftkarten für 5 Tage lösen.

8 Überlege eigene Aufgabenstellungen.

Garten – Schulgarten – draußen

1

Liebe Klasse 4,
ihr habt geschrieben, dass ihr einen Schulgarten anlegen wollt. An unserer Grundschule in Cottbus haben wir auch einen Schulgarten.
Auf dem Foto könnt ihr sehen, wie schön er ist.

2

Die Kinder des 4. Schuljahres können im Schulgarten eine Fläche von 20 Quadratmetern nutzen. Für ein Blumenbeet erhalten sie noch 4 Quadratmeter dazu.
Wie kann ihr Teil im Schulgarten aussehen?

a) Plan von Tim und Nino

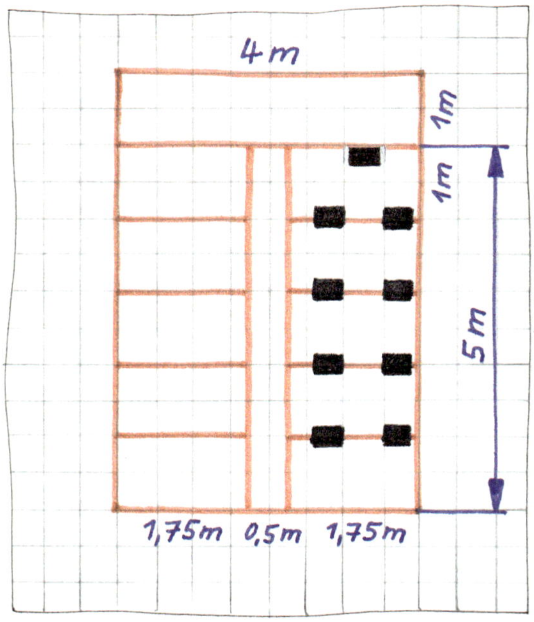

b) Plan von Anna und Simon

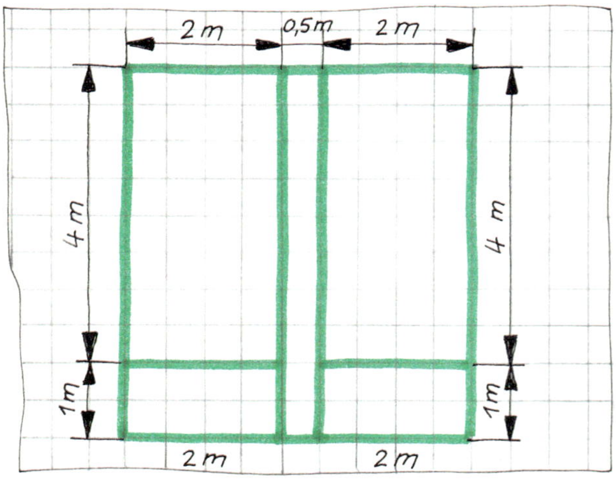

3 Ali und Naomi haben sich den Schulgarten ganz anders vorgestellt. Wie planst du? Zeichne deinen Schulgarten oder gestalte ein Modell. Achte dabei auf die Maße!

4 Die Klasse bekommt Wegplatten in der Größe 50 cm x 50 cm geschenkt.

Irrgärten und Labyrinthe

1

Das Dreiländerlabyrinth befindet sich auf dem höchsten Punkt der Niederlande (323,5 m), dem Dreiländerpunkt. Hier treffen die Niederlande, Belgien und Deutschland aufeinander.
Die Besucher des Irrgartens brauchen durchschnittlich eine Dreiviertelstunde zum Mittelpunkt.
ⓘ www.drielandenpunt.nl

2 Das wohl berühmteste Labyrinth der Welt kommt in der Sage vom stierköpfigen Minotaurus vor, der auf der Insel Kreta in einem Irrgarten lebte und von dem Helden Theseus mithilfe der klugen Adriane und ihrem Wollfaden besiegt wurde.

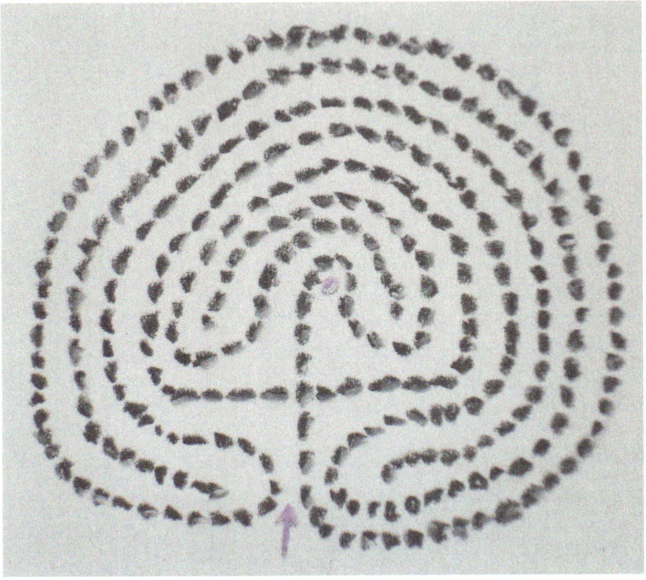

a) Du kannst ein solches Labyrinth mit Steinen nachlegen – das war vor über 100 Jahren in England und Skandinavien sehr beliebt.

b) Zeichne das Labyrinth auf dem Foto freihand nach.

c) Zeichne das Labyrinth auf Karopapier nach.

d) Beschreibe, wie du vom Anfang bis in die Mitte kommst. Wann kommst du der Mitte näher, wann entfernst du dich?

e) Menschen haben Schlösser, Kirchen und Gärten mit Labyrinthen ausgestattet. Informiere dich über andere Labyrinthe.
ⓘ www.das-labyrinth.de

3 **a)** Verbinde Punkte mit gleicher Zahl durch Bögen, die über den oberen Teil der Figur laufen. Beginne mit den Punkten 1 und 1.

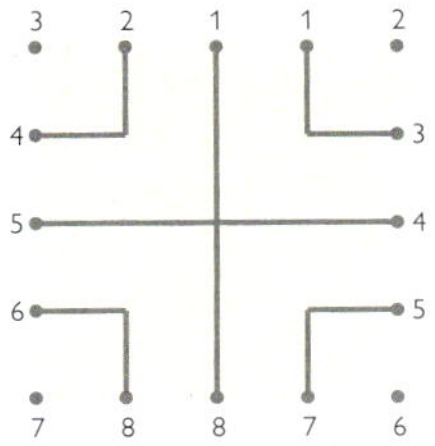

b) Zeichne die Startfigur wie in a) noch einmal, nummeriere aber jetzt im Uhrzeigersinn einen Punkt weiter.

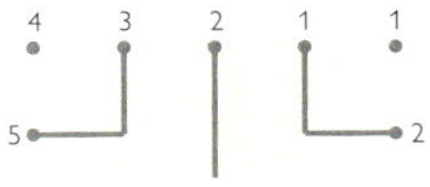

Eine Burg bekommt Besuch

Die Klassen 4 a und 4 b einer Dortmunder Grundschule planen als Abschlussfahrt einen Burgbesuch. Ziel ist die Burg Altena. 2 Lehrerinnen und Toms Vater werden die Kinder begleiten.

Museumsherberge

Bettenanzahl: 51
davon 16 im Schlafraum für Mädchen
35 im Schlafraum für Jungen

Eintritttpreise für die Museen des Märkischen Kreises (Burg Altena/Deutsches Drahtmuseum)

Erwachsene	4,00 Euro
Kinder (6–13 Jahre) und Jugendliche (14–17 Jahre), Studenten, Wehrpflichtige, Zivildienstleistende, Behinderte mit amtlichem Ausweis	2,00 Euro
Schulklassen und Gruppen ab 15 Personen	
Erwachsene	3,00 Euro
Kinder und Jugendliche	1,50 Euro
Familienkarte (max. 2 Erwachsene und 3 Kinder)	8,00 Euro
Gruppenführung nach Voranmeldung Burg Altena und Deutsches Drahtmuseum	
Dienstag – Freitag	30,00 Euro
Samstag/Sonntag	40,00 Euro

In einer Grundschulklasse sind mindestens 18 und höchstens 32 Kinder.

In die Klasse 4 a gehen 14 Mädchen, in die Klasse 4 b 8 Mädchen. Wie sieht es bei euch aus?

Die Dortmunder Kinder werden mit der Bahn reisen. Am Bahnschalter bekommen sie folgende Auskunft:

Abfahrt ab Dortmund	7.40 Uhr
Ankunft in Hagen	7.59 Uhr
Abfahrt in Hagen	8.14 Uhr
Ankunft in Altena	8.37 Uhr

Der Fahrpreis für Erwachsene beträgt ohne Bahncard 11,20 Euro. Kinder bis 11 Jahre zahlen den halben Preis. Gruppenfahrscheine sind noch günstiger.

Wie würdet ihr nach Altena reisen?

Die Burg Altena wurde vermutlich im 12. Jahrhundert errichtet.
Die Chronik schreibt, dass im Jahr 1249 mit einer Burgerweiterung begonnen wurde.
1455 wurde die Burg durch einen Brand teilweise vernichtet.
Danach wurde sie erneuert.
1673 wurde die Burg durch Blitze und Feuer erheblich zerstört.
Seit 1875 gibt es in der Burg ein Museum.
Nach einer sehr wechselvollen Geschichte und einer vielfältigen Nutzung wurde die Burg seit 1907 restauriert und erneuert.

Höhenlage der Burg: 100 m über der Lenne
Länge der Anlage: 200 m (Nord-Süd)
Tiefe des unteren Brunnens: 43 m

Bergfried	
kleiner Turm bis zum Fenster	10,25 m
kleiner Turm, Turmspitze	15,51 m
dicker Turm, Traufe	24,01 m
dicker Turm, Giebelfenster	28,94 m
dicker Turm, gesamte Höhe	34,00 m

Seit 1912 wird der Trakt der Burg als Jugendherberge genutzt.

Die Burg Altena wurde im 12. Jh. erbaut. Kennst du Gebäude, die schon so alt sind?

Die Burg Altena hat eine wechselvolle Geschichte.

Der Bergfried der Burg hat viele Türme unterschiedlicher Höhe.

Die Burganlage ist 200 m lang. Würde unsere Schule auf den Burgberg passen?

Der Burgbrunnen ist sehr tief. Kennst du ein Gebäude, das so hoch ist wie der Brunnen tief?

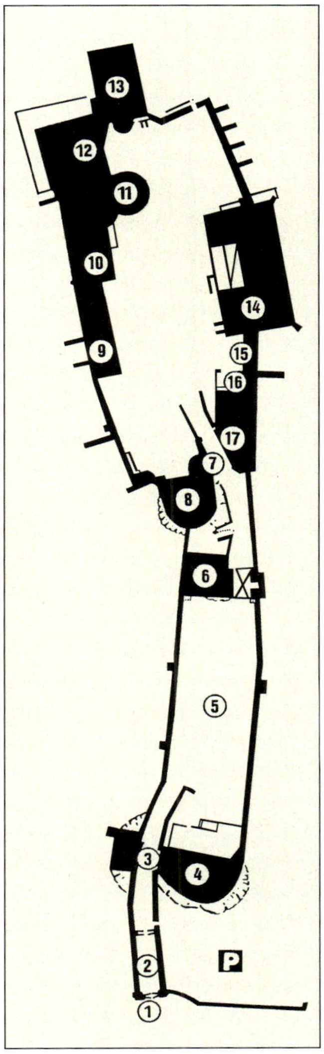

Grundriss 1 : 1500

1. Friedrichstor
2. Dorotheenpforte
3. Philippstor
4. Alte Batterie (DJH)
5. Unteres Burgtor
6. Mittleres Tor (Drahtmuseum)
7. Oberes Tor
8. Bergfried
9. Remise
10. Alter Palas
11. Pulverturm
12. Burgschenke
13. Kapelle
14. Neuer Palas
15. Abortanlagen
16. Alte Schmiede
17. Burgwartwohnung

Grundwissen Multiplikation

DAS KLEINE 1×1 KANN AUCH BEI GROSSEN ZAHLEN HELFEN

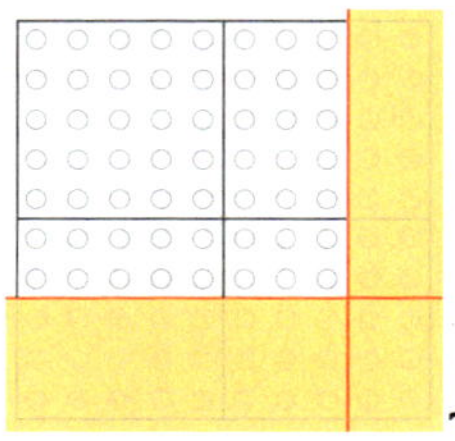

Zerlegen
5 · 8 = 40
2 · 8 = 16
7 · 8 = 56

6 · 9
8 · 7
8 · 8
7 · 7
8 · 6

Verdoppeln
7 · 4 = 28
7 · 8 = 56

1 · 4 = 4	1 · 8 = 8
2 · 4 = 8	2 · 8 = 16
3 · 4 = 12	3 · 8 = 24
4 · 4 = 16	4 · 8 = 32
5 · 4 = 20	5 · 8 = 40

6 · 7	3 · 9
6 · 70	30 · 90
6 · 700	300 · 900
6 · 7000	3000 · 90
6 · 70000	30000 · 9

Mal ohne Nullen, mal mit Nullen.

Überschlag

4273 · 71 = ______
4000 · 70 = 280000
Das Ergebnis muss größer als 280000 sein.

4273 · 71
3214 · 61
806 · 43
732 · 461
5329 · 8

BEI GRÖSSEREN ZAHLEN IN SCHRITTEN RECHNEN – ZWISCHENERGEBNISSE NOTIEREN

16 · 16	4 · 76	32 · 38	3 · 234	234 · 32	432 · 23	150 · 45
17 · 17	5 · 95	33 · 37	5 · 345	345 · 43	543 · 34	155 · 45

4574 × 37 SCHRIFTLICH MULTIPLIZIEREN MIT ÜBERSCHLAG UND PROBE

Überschlag

5000 · 40 = 200000

Das Ergebnis muss kleiner als 200000 sein.

Schriftliche Rechnung

4	5	7	4	·	3	7
	1	3	7	2	2	
		3	2	0	1	8
	1	6	9	2	3	8

Nach der Rechnung mit dem Überschlag vergleichen.

Zur Probe die Tauschaufgabe machen.

Probe

3	7	·	4	5	7	4
	1	4	8			
		1	8	5		
			2	5	9	
				1	4	8
		1	1	1		
	1	6	9	2	3	8

205 · 25	1468 · 35	12985 · 66	4 · 89,45	67,3 · 8	89,43 · 42
408 · 32	2639 · 46	23002 · 47	40 · 89,45	45,9 · 9	56,06 · 35

Grundwissen Division

BEI ZAHLEN BIS 100 ANS KLEINE 1×1 DENKEN

Division ohne Rest

24 : 4 = 6, da 6 · 4 = 24

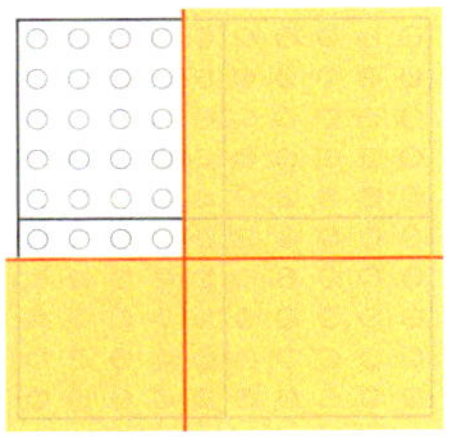

32 : 4	49 : 5
56 : 8	24 : 8
69 : 9	28 : 7
61 : 8	45 : 9
33 : 4	42 : 6

Division mit Rest

31 : 7 = 4 Rest 3, da 7 · 4 + 3 = 31

28 : 3	50 : 9	63 : 8
37 : 4	65 : 8	80 : 9
47 : 5	50 : 7	41 : 6
51 : 6	55 : 6	47 : 9
67 : 7	46 : 5	62 : 8

MANCHE AUFGABEN KANN MAN VEREINFACHEN

3 200 : 400 = ___

32 : 4 = 8

Jetzt gleich viele Nullen streichen.

32 : 4
320 : 40
3 200 : 400
32 000 : 4 000

4 800 : 6 = ___

Auch hier streiche ich die Nullen.

48 : 6	32 : 16
480 : 6	320 : 16
4 800 : 6	3 200 : 16
48 000 : 6	32 000 : 16

BEI GRÖßEREN ZAHLEN IN SCHRITTEN RECHNEN

Passend zerlegen

BEI GROßEN ZAHLEN SCHRIFTLICH DIVIDIEREN

Überschlag

9 000 : 4 > 2 000

Das Ergebnis muss größer als 2 000 sein.

Schriftliche Rechnung

```
8936 : 4 = 2234
8
09
 8
 13
 12
  16
```

Nach der Rechnung mit dem Überschlag vergleichen.

Probe

```
2234 · 4
    8936
```

… und eine Probe machen.

948 : 4	7 766 : 3	21 162 : 6	11 236 : 4	14 581 : 7	20 352 : 6
3 213 : 7	2 107 : 5	15 006 : 6	835 664 : 4	35 875 : 7	300 303 : 9

Grundwissen Sachrechnen

DER GRUND FÜR DEIN WISSEN IST DEIN GRUNDWISSEN!

Jens behauptet: „Alle Rechtecke, deren Umfang 12 cm lang ist, können mit der gleichen Anzahl von Zentimeterquadraten ausgelegt werden.“

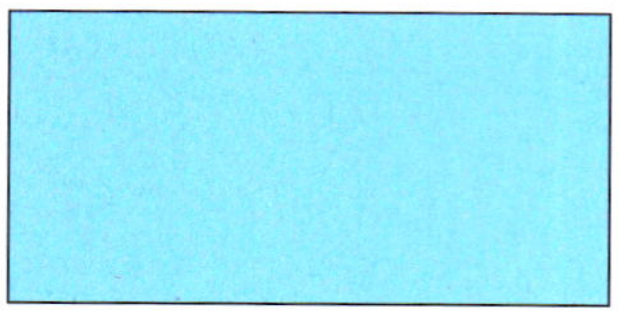

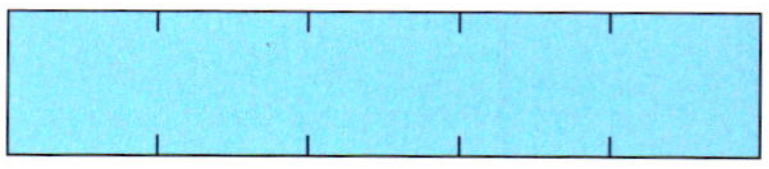

die Aufgabe verstehen

Lies sorgfältig! Kannst du jemandem sagen, um was es geht?

○ ja ○ nein
- lies noch einmal
- überlege mit dem Partner

Textstellen
- markieren – für die Lösung wichtig
- streichen – für die Lösung unwichtig

Schon gemacht! Diesmal gibt es nichts zu streichen.

auf eigene Erfahrungen zurückgreifen

Zur Sache weiß ich schon …

Rechteck: gegenüberliegende Seiten sind gleichlang
Umfang: Länge der Linie rundum

Überlegungen übersichtlich notieren (Liste, Tabelle, Skizze)
- eine Liste schreiben
- Tabelle anlegen
- Skizze zeichnen

Umfang 12 cm

Informationen beschaffen

Wie war das noch? Schlag nach.
Für die Lösung muss ich mehr wissen.
Geeignetes Material

Sachbuch/Software/Internet
Experten helfen weiter
Streichhölzer, kariertes Papier

Denk- und Rechenwege darstellen

Ich soll herausfinden …
Ich möchte wissen …

Mein Weg:

Stimmt die Behauptung von Jens? Wie viele verschiedenen Rechtecke mit 12 cm Umfang gibt es und wie groß sind sie?

Wege und Ergebnisse
- vergleichen
- prüfen
- bewerten

Wie bist du vorgegangen?

So habe ich überlegt und gerechnet …

Stimmen die Ergebnisse überein?

Welcher Weg ist klarer, einfacher, sicherer?

Breite	Länge	Zentimeterquadrate
1 cm	5 cm	5
2 cm	4 cm	8
3 cm	3 cm	9
4 cm	2 cm	___

Jens irrt sich!
Es gibt genau ___ Rechtecke.

Grundwissen Größen

GELD

Was kostet …?

1 € = 100 ct

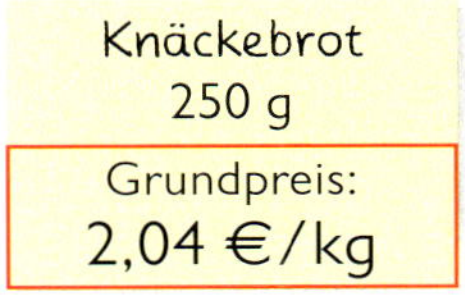

ZEIT

Wie lange dauert …?

1 h = 60 min
1 min = 60 s

13.30 Uhr

Zeitpunkt

2 h 15 min
Zeitspanne

15.45 Uhr

Zeitpunkt

Gemessen werden Zeitspannen. Maßeinheiten der Zeitmessung sind:
- Sekunde (s),
- Minute (min),
- Stunde (h),
- …

LÄNGEN

Wie weit …, wie breit …, wie hoch …, wie groß …, wie lang …?

Gemessen wird der Abstand zwischen zwei Punkten. Maßeinheiten der Längenmessung sind: Kilometer (km), Meter (m), Zentimeter (cm), Millimeter (mm)

1 cm = 10 mm
1 m = 100 cm
1 km = 1000 m

km			m			cm		mm
							1	0
					1	0	0	0
		1	0	0	0	0	0	0

Maßstab 1 : 50 000
1 cm in der Karte sind 50 000 cm in der Natur.

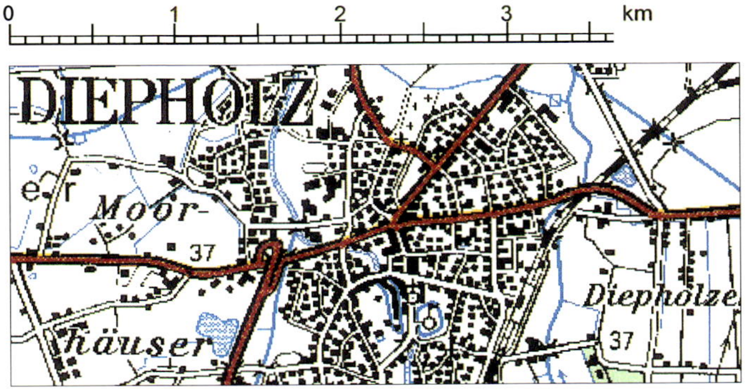

FLÄCHEN

Wie groß ist die Abstellfläche, Arbeitsfläche, Rasenfläche, Wandfläche, …?

Ein Quadrat von 1 cm Kantenlänge heißt Zentimeterquadrat,
ein Quadrat von der Kantenlänge 1 m heißt Meterquadrat.
Flächen kann man durch Auslegen mit Meter- und Zentimeterquadraten vergleichen.

GEWICHT

Wie schwer …?

1 t = 1000 kg
1 kg = 1000 g

Gewichte werden in:
- Tonnen (t),
- Kilogramm (kg),
- Gramm (g) angegeben.

t			kg			g		
		1	0	0	0			
					1	0	0	0

Ein Elefant wiegt ungefähr 3 t.

VOLUMEN

Wie viel passt hinein?

1 l = 1000 ml

Flüssigkeitsmengen werden in:
- Liter (l) oder
- Milliliter (ml) angegeben.

l	ml		
1	0	0	0

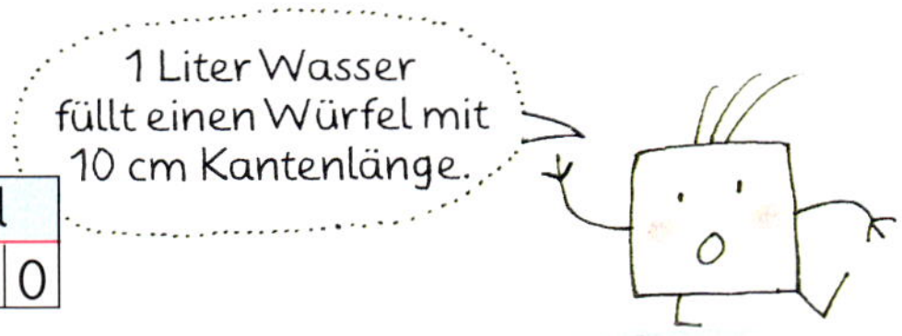

Grundwissen Geometrie

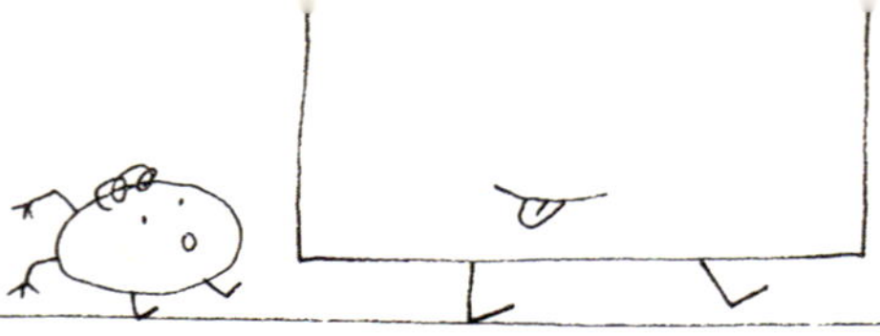

Senkrechte Geraden

a ist senkrecht zu b

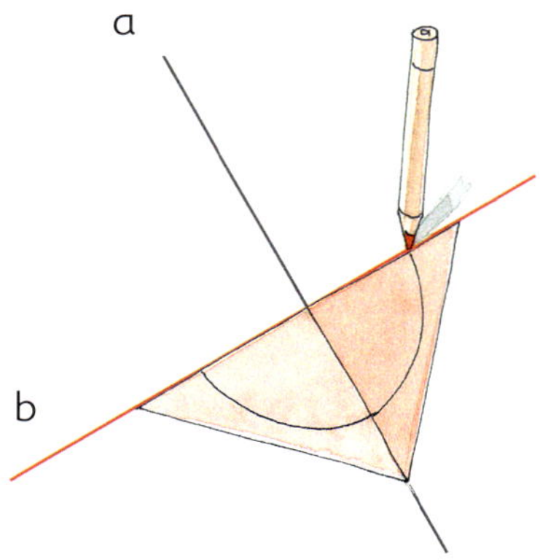

Rechter Winkel

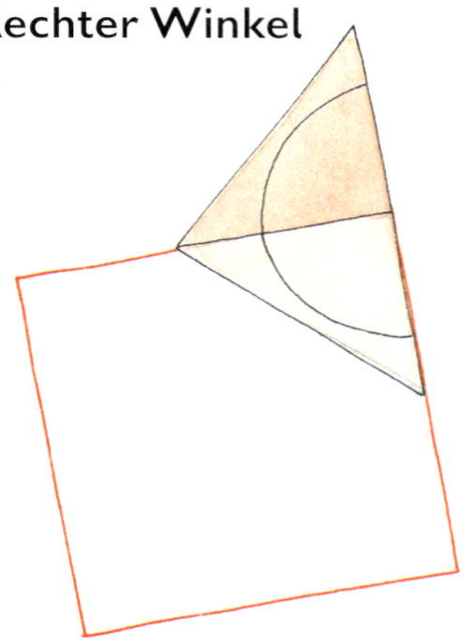

Benachbarte Seiten im Quadrat bilden rechte Winkel

Parallele Geraden

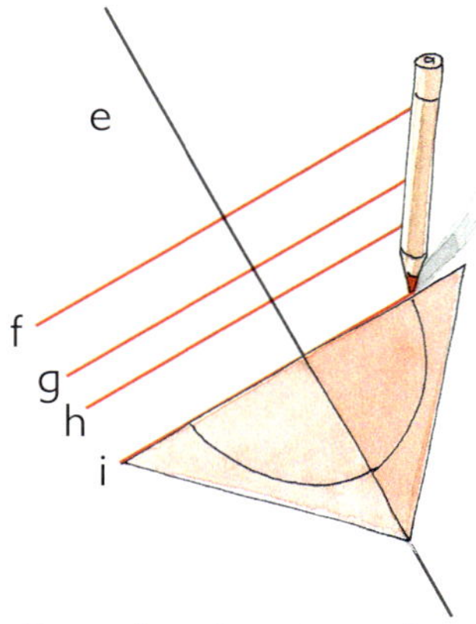

Die Geraden f, g, h und i sind parallel

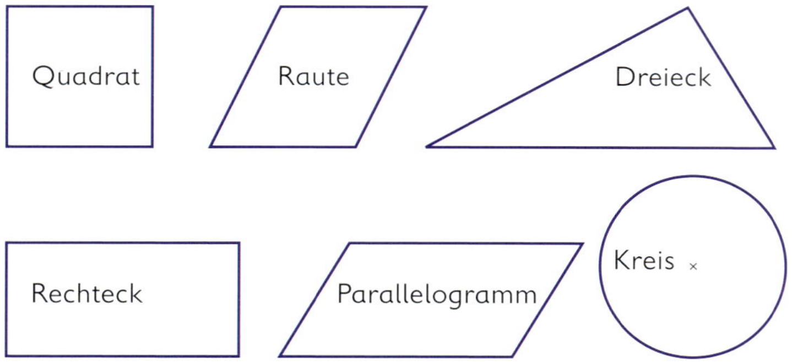

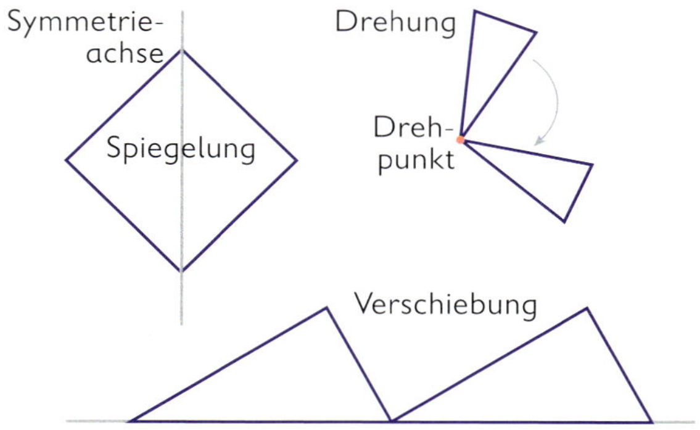

Quadrat: 4 rechte Winkel, alle Seiten sind gleich lang.
Rechteck: 4 rechte Winkel, gegenüberliegende Seiten sind gleich lang.

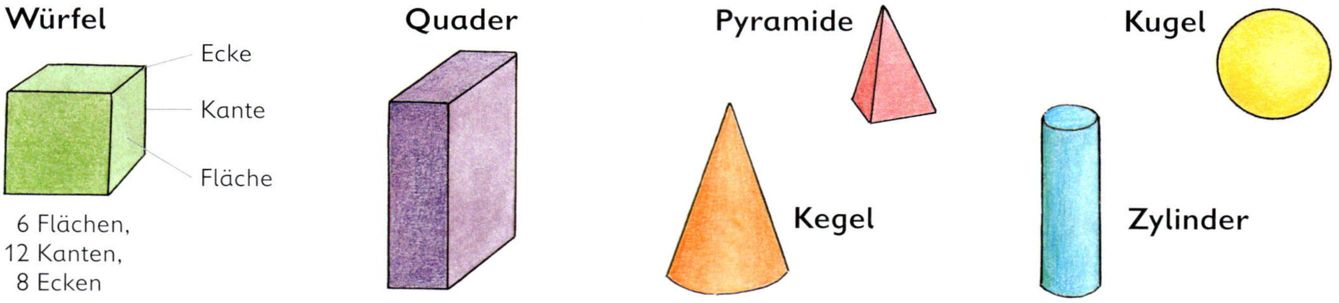

Würfel: Alle 6 Flächen sind gleiche Quadrate.
Quader: Gegenüberliegende Flächen sind gleiche Rechtecke.

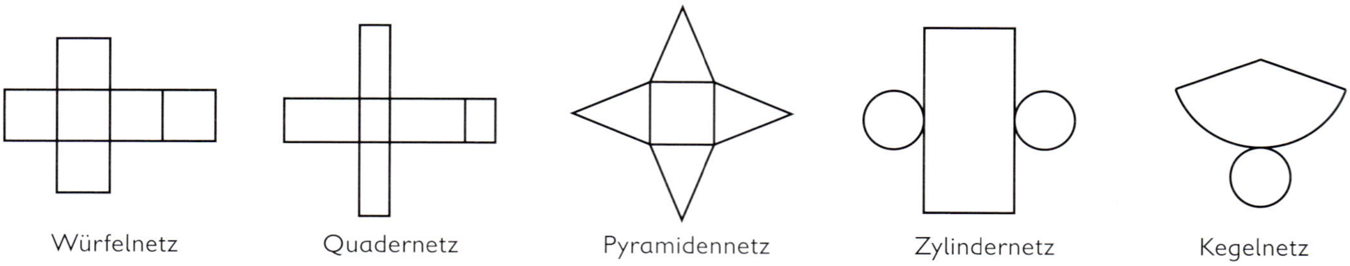